専門学校なんていらない！
資格試験に独学で受かる技術

財津真志 著

セルバ出版

はじめに

書店には、数え切れないほどの勉強本が並んでいます。本のタイトルに目を惹かれ、思わず手に取って見たことは少なくとも1度はあるでしょう。では、なぜこんなに多くの勉強本があるのでしょうか。

それは、それだけ多くの方が資格試験に興味があり、「何か特別な方法により資格試験を簡単に合格したい」―そんな夢みたいな勉強法を探しているからだと思います。

しかし、残念ながら、資格試験に簡単に合格する特別な方法などありません。では、なぜこんなに多くの勉強本が次から次へと出版され、多くの人に読まれ続けているのでしょうか。

世に出版されている勉強本のほとんどは、超がつくほどの高学歴の人が書いたものであり、著者自身にしかできない特別な勉強法が紹介され、その勉強法を真似すれば資格試験に簡単に受かることができるような錯覚に陥ってしまうのです。

当然、普通の人には、とても実践できるようなものではなく、その結果、「いまいち実践できない、効果が出ない」という受験者が後を絶ちません。

また、独学での勉強に失敗し、今度は専門学校に通い、多くの時間と労力をかけたにもかかわらず、よい結果が得られなかった受験者もたくさんいるでしょう。確かに、専門学校を利用したほうが、合格に近道な特殊な資格試験も存在します。しかし、ほとんどの資格試験は、専門学校の資格商法により、専門学校の価値を必要以上に高め、受験者を呼び込み必要以上のお金と労力が費やされているのです。

筆者は、小さい頃から勉強が苦手で、学生時代から成績は悪く、偏差値30は当たり前、また、つい最近まで、簡単な資格試験でさえ、何度も不合格という苦い経験をしています。

そんな勉強嫌いの筆者が、ある資格試験をきっかけに、23の資格試験に独学で一発合格しました。

本書で紹介する勉強法は、これまでの勉強本とは違い、私が23の資格試験に一発合格した実際の経験に基づく簡単な勉強法です。

また、本書は、必要に応じ、どの章からでも読み始めることができる構成にしています。

本書が、皆様の誤った勉強法を正しい方向に導き、少しでも多くの方のお役に立てれば幸いです。

それでは、これから誰でも実践できる「資格試験に独学で受かる技術」を紹介します。

左ページは、筆者が近年受験した23の資格試験です。もちろん、すべて一発合格です。参考にしてください。

２０１５年７月

財津　真志

試験実績

試験日（年）	試験名	結果
平成２２年	宅建	合格
平成２２年	住宅ローンアドバイザー	合格
平成２３年	FP2級（学科）	合格
平成２３年	FP2級（実技）	合格
平成２３年	第一種衛生管理者	合格
平成２３年	二種証券外務員	合格
平成２３年	CFP（金融資産運用設計）　★全国公開模試１位	合格
平成２３年	CFP（不動産運用設計）	合格
平成２３年	CFP（ライフプランニング・リタイアメントプランニング）	合格
平成２３年	CFP（リスクと保険）	合格
平成２３年	CFP（タックスプランニング）	合格
平成２３年	CFP（相続・事業承継設計）	合格
平成２３年	賃貸不動産経営管理士	合格
平成２４年	一種証券外務員	合格
平成２４年	FP1級	合格
平成２４年	行政書士	合格
平成２５年	知的財産管理技能検定3級	合格
平成２５年	ビジネス実務法務検定2級	合格
平成２５年	海事代理士（筆記試験）	合格
平成２５年	海事代理士（口述試験）	合格
平成２６年	日商簿記検定３級	合格
平成２６年	管理業務主任者	合格
平成２７年	潜水士	合格

専門学校なんていらない！　資格試験に独学で受かる技術　目次

第2章　絶対やってはいけない勉強法

第3章　資格試験は暗記がすべて！

第4章　ここが違う！　受かる人のちょっとした技術

第5章　受かるまでの合格スケジュール

第1章

資格試験に受かる脳をつくる

1　資格試験はただ受かればいい

✍特別な勉強法は存在しない

まず最初に、本書のコンセプトをお伝えます。それは、「資格試験はただ受かればいい」ということです。

もちろん、ほとんどの受験者はこのように考えていますが、さらに次のようなことも勉強本に期待しているのだと思います。

(1)　努力せずラクに合格したい
(2)　特別な受験テクニックがほしい
(3)　短期間で合格したい
(4)　なるべくお金はかけたくない

しかし、残念ながら「(1)と(2)」の2つについては、「そんな方法はありません」と覚悟しておいたほうがいいでしょう。

もちろん、簡単な資格試験では、楽々とはいえないまでも、比較的簡単に合格することができるものもありますが、資格試験はそんなに甘いものではありません。ただし、「他の受験者よりラクに合格する」ということであれば可能です。

これは、あくまで他の受験者と比較しての話です。ほとんど勉強することもせず、特別な受験テクニックだけで合格する勉強法など、この世に存在しないと考えてください。

では、「⑶と⑷」についてはどうでしょう。これは「ある程度までは可能です」と断言することができます。もちろん、これも他の受験者と比較してということが前提です。

なぜそう言い切れるのか、それは、筆者自身が他の受験者よりラクに合格しているからです。筆者は、宅建、ＣＦＰ、行政書士など、これまで23の資格試験をすべて一発で、独学で合格しました。しかも、他の受験者に比べ圧倒的に少ない時間で合格しているのです。

✍ラクに合格する勉強法はない

これから本書で紹介する方法を実践すれば、このようなことが誰でも可能です。

ただ、「全く努力もせずラクに合格する勉強法や特別なテクニックはない」と肝に銘じておく必要があります。

資格試験に合格するには、「当たり前のことを、当たり前に繰り返す」―これができれば合格します。

しかしながら、その当たり前に繰り返すという1番大事なことさえ、全くできない人が非常に多いのです。

2　「正しい勉強法」に自分を合わせる

✍正しい勉強法に自分を合わせることが大切

これから皆さんに、当たり前のことが、どれだけ大事なのか伝えていきます。そこで、皆さんにお願いしたいことは「今までやってきた勉強法を忘れてほしい」ということです。

私たちが義務教育で教わった勉強法は、「資格試験に合格するだけ」と考えて実行するにはかえって邪魔になります。

義務教育で教わった勉強法は、「資格試験に合格するだけ」と考えた場合に、無駄が多すぎるのです。

詳細は、後ほど説明しますが、私たちが義務教育で教わった「努力が大事」「過程が大事」というきれいごとの中で教わった勉強法は、すべて忘れてください。

資格試験に短期間で合格するには、「正しい勉強法に自分を合わせる」ということが大切です。

人は、何か新しいことを始める際、過去に経験したことにとらわれてしまいます。そのため、全く知らないことより、多少なりとも知っていること、経験があることのほうが簡単に受け入れやすく、このことが間違った勉強法を自ら取り入れてしまう原因となっているからです。

✍勉強法は「好き」や「嫌い」で決めてはいけない

これから始める学習についても、過去に経験した勉強法を取り入れたい気持ちは十分わかります。

しかし、自分が今までやってきた勉強法や自分が好きな勉強法が正しいとは限りません。

厳しい言い方をすれば、合格率が数％の資格試験の場合、不合格者のほうが圧倒的に多く、そしてその不合格者は、勉強法が間違っていたため受験に失敗した可能性が高いのです。

過去の経験にとらわれず、好きや嫌いで判断せずに「正しい勉強法」に自分を合わせることが大切なのです。

筆者の場合、これまでほとんど勉強などしていなかったため、自分の勉強法というものが全くありませんでした。このおかげで、過去の自分の勉強法にとらわれることもなく、「正しい勉強法」を取り入れることができたのだと思います。

そういう意味では、今まで勉強していなかったことが、逆に有利に働いたのかもしれません。（笑）

3　資格試験は合格しなければ意味がない

✍資格試験では努力や過程は評価されない

次に述べることは、筆者の持論です。気に障る方は読み飛ばしていただいて結構です。

まず最初に、資格試験は、「合格しなければ意味がない」と考えています。もちろん、全くというわけではありません。

もちろん、義務教育などで教わった努力が大事、過程が大事だということも学ぶ必要があると思います。

しかし、社会人という土俵に放り込まれれば、「資格試験」など、結果がすべてであり、どんなに「努力をした」「あと1問足りなかった」―そんな言い訳をしても、不合格に違いはありません。

資格試験は、「合格か不合格」その2つしかないのです。そして、世の中は、その努力や過程などは一切考慮されず、結果しか見てくれないことがほとんどなのです。

4　不合格者は他人からどう評価される

✍せっかく努力したのに評価が下がる?…

例えば、あなたが資格試験の勉強を始めたとします。それを知ったあなたの勤務先の上司や同僚は、「頑張っているね」「すごいね、応援しているよ」―そんな風に褒めてくれることでしょう。

確かに、受験勉強を始めた当初は、あなたの評価は一時的に上がります。しかし、不合格だった場合は、どうなるでしょうか。「残念だったね」「また頑張れよ」―そのような慰めの言葉ですべて終わりです。

✍諦めずにやれば必ず試験に合格する

それでも諦めず、その後の試験で合格を勝ち取れば問題ありません。しかし、何年間も受験勉強を続けたにもかかわらず、不合格のまま受験を諦めてしまえば、あなたは「資格試験の不合格者」に確定してしまいます。

そうなると周囲からのあなたの評価は、上がるどころか、「あいつは何年勉強しても合格することできなかった能力が足りない人」と逆に評価が下がることさえあるかもしれません。

そのようなことにならないためにも、最後は必ず試験に合格し、「資格試験の合格者」で終わる必要があるのです。

5　受かるためだけの勉強法ではだめなのか

✍資格試験は受かってからが勝負！

こういう話がよくあります。受かるためだけの勉強では、合格しても知識が不十分、やはり知識の隅々まできちんと勉強して合格しなければ意味がない。

これは、全く間違いであり、筆者は次のように考えています。

「資格試験で得た知識など、しょせん実務では通用しない。どんなに高得点で合格しても、仕事の現場では実務に精通している人には勝つことはできない」。

そしてもう1つ、資格試験対策による短期間で得た知識は、同じように短期間で忘却してしまうということです。

しょせん、忘れてしまえば同じことで、合格当時にどんなに知識が身についていたとしても、その知識を使う機会がなければ、あっという間に知識レベルは低下していきます。

どうせ忘れてしまう知識であれば、資格試験なんてさっさと合格してしまったほうがいいのです。知識を高めたいのであれば、資格試験に合格後、必要な部分だけ実務を通じて勉強すればいいだけのことです。

6　人間の記憶力に差はあるのか

✍人間の記憶力に大差などない

これは、「正しい」「間違い」の両方とも考えられます。もちろん、一部の勉強の天才まで含めれば、この質問は「正しい」ということになるでしょう。

人間は、大きく2つの人種にわけることができると考えます。それは、「天才」と「普通の人」―この2つの人種です。私たち大多数の一般人は、間違いなく天才ではなく「普通の人」です。

では、天才と呼ばれる一部の人種と、私たち普通の人とではいったい何が違うのでしょうか。その答えは、「記憶力」にあると考えています。

しかし、一部の天才を除き、人間が元々持っている「記憶力」は、大した差など存在しないとも考えています。

では、その差はどこで違ってくるのでしょうか。

次のような違いが考えられます。

自分の「好き」なことは＝記憶力が高くなる

自分の「嫌い」なことは＝記憶力が低くなる

実は、たったこれだけの違いなのです。

✍天才と呼ばれる人と普通の人

これらのことを考察すると、次のようなことも考えられます。

一部の天才と呼ばれる人は、「勉強することが好き」、もしくは「勉強することが嫌いではない」ということです。

この「天才」という人物は、たまたま勉強することが好きだったため、この「天才」は勉強をする際に、他の「普通の人」より一時的に記憶力が高くなっている状態だったと考えられます。

これらの一部の天才は、勉強をするときの「記憶力」が普通の人より高く、そのため、同じ時間を勉強しても短時間で多くの知識を習得し、さらに長く覚えておくことができます。そして、長い年月を経て、普通の人と天才との間に圧倒的な学力の差を身につけてしまうのです。

もちろん、私たちのような大多数の普通の人は、勉強が嫌いです。勉強など「しなくていいなら、しないほうがいい」―そう考えているのが普通の人なのです。

筆者の趣味の1つである船釣りを例に考えてみましょう。釣りをしているときは、本当に面白くて仕方ありません。その楽しんでいる大海原で釣りをしていると、いろいろな種類の魚たちが釣れます。

マダイやブリという有名な魚の名前ぐらいは、皆さんも聞いたことがあると思います。

釣りを始めたばかりの頃は、名前も知らない魚がたくさん釣れました。魚の名前を知りたいと思った筆者は、釣り仲間に「この魚の名前は何？」と釣れる度に教えてもらいました。

しかし、初めて聞いた魚の名前にもかかわらず、1度聞いただけでその名前のほとんどを覚えてしまいました。

これは、自分の「好きなこと」「興味のあること」を楽しんで行っているため、一時的に記憶力が高くなっていたと考えられます。そして、無意識に覚えようとしているのに違いありません。

もし、あなたが、その釣りに全く興味がなかったらどうでしょうか。嫌々誘われて出かけた釣行で、楽しくも何ともない中で魚が釣れたとしても、まったくその魚に興味がなければ、初めて聞く魚の名前を次々に覚えられるでしょうか。

要するに、先ほど述べた「天才」は、勉強が好きだったために、「普通の人」より早く覚えることができただけのことです。「天才」と「普通の人」の間に大差などありません。

結局のところ、人間は、大した記憶力の差などなく、そのとき興味を持っていたかどうか、それだけの違いであると考えられます。

7　天才と同じ土俵に上がってはいけない

✍筆者が知り合った天才

ごく稀ですが、やはり「天才」は存在します。筆者は今までにたった１人だけ天才と知り合ったことがあります。しかも、それは意外にも身近な人物でした。

小学校から中学校卒業までの約９年間、住んでいたマンションの部屋の真下に、その「天才」は住んでいたのです。しかも、同級生です。

小学生の頃は、テストはいつも１００点。中学に入学してからも、同じように常に学年トップの成績です。もちろん、塾などに行っている気配もありません。どうやって勉強しているのか本人に尋ねても、「ただ授業を聞いているだけ」―と答えるだけです。

その後、その「天才」である彼は、県内トップクラスの公立高校に進学しました。

筆者は、高校進学と同時に転居してしまい、彼とは縁が離れてしまいました。

人伝に聞いた話では、彼は進学した高校でも常に学年トップ。全国でもトップの成績だったそうです。

また、彼は、数学が得意で、公立トップ高校の生徒を教えているような先生が解くことのできない数学の問題ですら、スラスラと解いてしまっていたらしいのです。

さすがに高校入学後、少しは勉強していたと思いますが、普通の人と彼は、人種が違うとしかいいようがありません。

✍天才と自分を比べる必要は全くない

何をもって「天才」と判断するかは、人それぞれ解釈は違うと思います。でも、どの世界に進んでも、このような「天才」はほんの一握りだけは実在します。

もし、あなたの身近にこのような「天才」がいても、決して自分と比べてはいけません。自分が「バカ」に思えてくるだけです。

筆者がまさしくそうでしたから……。

筆者が勉強嫌いになったのは、そんな「天才」が身近にいたせいだったのかもしれません。

8　みんなが勘違いしている速読法

✍資格試験に必要な速読は繰り返せば自然に身につく

「資格試験で速読は必要ですか」―もし、このような質問があったら、「はい、必要です」と躊躇なくお答えするでしょう。それは、筆者自身が資格試験で速読を実践しているからです。

しかし、その「速読」について、誤った認識を持たれている方が多いのではないでしょうか。では、その「速読」とはいったい何なのでしょう。

筆者は、これまで何冊もの速読法の書籍を読みました。もし、速読を身につけることができれば、資格試験に有利に働くと考えたからです。しかし、書籍に書いてあるような速読法を身につけようとどんなに努力しても、結果として効果が上がることはほとんどありませんでした。

時々、ＴＶなどで、本をパラパラとめくるだけで本を読んでいく速読の達人のような人が紹介されます。

もし、本当に本をパラパラとめくるだけで、その本のすべてを読み、そして理解しているのであれば、このような人はある意味、速読の世界の天才なのでしょう。残念ながら、私たちのような普通の人は、そのような速読を真似することはできません。

しかし、本をパラパラとめくるだけで「本当に全部を読むことができるのであろうか」という疑問を抱いていました。

その疑問とは、例えば、その速読をしている本の中に知らない漢字や知らない言葉などが含まれていた場合です。少なくとも、「そのような知らない漢字や言葉がその本に記載されていた場合、それだけでその部分は読むことができない、ましてや理解などできないはず」と疑問を感じたからです。

もし、すべての文章を読むことができるというのであれば、少なくとも、その本に書かれている漢字や言葉など、すべてを知っていることが前提になってしまうのです。

このことに気がついてからは、「速読」についての認識が変わり始めました。そして、次にあげることが、筆者の出した「速読」について辿り着いた結論です。

速読とは、「すでに頭の中にある知識を有効に使って速く読んでいる」ということです。

いったい、何を言っているのだろうと思うことでしょう。しかし、これが速読のカラクリであり、真実なのです。

具体的に説明すると、頭の中の知識をうまく使い、ただ単に速く読むといってもすべての文章に目を通すのではありません。

知っている単語、熟語、定型文章など、これらが出てきた場合に、その部分は隅々まで読まずに何が書いてあるか予想して、不要な部分を省き飛ばしながら速く読んでいくのです。

✍「速読」は知識が多ければ多い人ほど速く読むことができる

例えば、

「あけましておめでとうございます。今年もよろしくおねがいします」

と書かれた文章があったとします。

このような場合、

あけま……………ます。今年・・・・・・・・ます。

このように、最初と最後の文字だけ拾い読むことができれば、その文章に何が書いてあるのか容易に予測することができます。

「あけましておめでとうございます。今年もよろしくおねがいします」という定型文章を知っている人なら誰でも速読することができます。そうすると、この定型文書を知っている人であれば、ほぼ１００％の人が速読できてしまうという結論になります。

つまり、事前に、この定型文書の知識があったから速読ができたということです。逆にいうと、この知識がなけれ、速読はできないということです。

例えば、法律関係の書籍を法学部出身者が読む場合と、法律初学者が読む場合では、前者のほうが圧倒的に読むスピードは速いはずです。それは、法律用語という難しい言葉の事前知識があるかないかの違いなのです。

法律初学者は、難しい法律用語が出てくる都度、その意味が全くわからずに先に進むことができません。一方で、法律用語の知識がある前者は、元々蓄積している頭の中にある知識によって、躊躇なくどんどん飛ばしながら、すばやく読み進めることができるのです。

本書の勉強法では、同じ問題集を何度も繰り返し学習します。繰り返していくうちに、知識がどんどん増え、気がつけば、いつの間にかその繰り返した問題集だけは「速読」ができるようになっています。

逆にいえば、速読ができるようになるまで同じ問題集を繰り返す必要があるのです。

結局、速読とは、知識が多ければ多いほど速く読むことができる。言い換えれば、飛ばし読みを多くできるということです。身も蓋もない話ですが、速読とはそういうことなのです。

9　資格試験で必要な勉強時間とは

✍作業と勉強時間は違う

中学生や高校生に、「きょうは学校で何時間勉強した?」と尋ねたら、きっと「きょうは6時限授業だったから、6時間勉強した」―そんな答えが返ってくると思います。

そんな返答をした彼らは、本当に6時間も勉強していたのでしょうか。学校で6時限の授業があったとしても、実際に勉強していたか否かは生徒それぞれだからです。

真面目に授業を聞いて、一生懸命ノートを取っている生徒もいれば、隣の席の友人と話していたり、中には寝ている生徒などさまざまです。授業に出席して、その先生の話を全く聞いていないにもかかわらず、出席した授業時間を勉強した時間にきっちりカウントするでしょう。

資格試験の世界でも同じような傾向が見られます。

専門学校で先生の講義を聞いている時間や、まとめノートづくりに費やした時間を、勉強時間として疑いもなく累積時間に加えているのです。

６時間ノートづくりに費やした受験者と、問題だけを６時間を解き続けた受験者では、同じ勉強時間でも全く似て非なるものです。

前者の場合、どんなにノートづくりに時間を費やしたとしても、勉強したという錯覚を積み重ねているだけで、資格試験に有効な勉強時間はほとんど加算されていません。一方で、後者の場合はどんどん資格試験の合格に必要な勉強時間を積み重ねています。

資格試験にほとんど必要のないノートづくりなどにムダな時間を費やしたとしても、妙な達成感があるだけで、机に向かっているときのすべてが勉強時間ではありません。

資格試験で必要な勉強時間とは、問題を解いているときなど、頭をフル回転させて思考状態にあるときなのです。

もしあなたが、まとめノートづくりなどに時間を費やしているのならば、今すぐ自分の勉強法を見直すべきです。作業ではなく、勉強時間を増やすことが試験合格の最短ルートなのです。

10　抜け出せない「知識のドーナツ化現象」

✍妥協を積み重ねていけば知識のドーナツ化現象は防げる

資格試験の勉強が順調に進み、知識が増えてくると、「こんな場合は一体どうなるのだろう」とテキストや問題集にも掲載されていない細かい疑問を抱き始めます。

このような疑問は勉強が進めば進むほど、次から次へと湧いてきます。

そして、そのような細かい疑問が浮かび上がる都度、足踏みをして時間を費やして調べてばかりいては、一向に勉強ははかどりません。それどころか、試験に必要のない知識が増えてしまい、むしろ、記憶の混乱を起こしかねません。

そもそも、テキストや問題集に掲載されていない細かい知識は、試験に必要のない部分であるため掲載されていないのであり、覚える必要は全くないのです。

多年受験者の特徴として、「知識のドーナツ化現象」に陥っていることが非常に多くあります。

知識のドーナツ化現象とは、中心となる重要な知識はスッポリ抜けているにもかかわらず、その周りの細かい知識ばかりが増えてしまう現象です。

多年受験者は、基本が完成していないから、試験に失敗しているのにもかかわらず、自分自身は、もう基本は大丈夫だと勝手に思い込み、試験の合否に影響しない応用問題ばかりに手を出して、細かい不要な知識ばかり増えているのです。

そのような細かい知識ばかりを覚えたことで、「難しい問題が解けるのだから、自分は基礎力は完成している」と錯覚を起こしてしまうのです。そして、その錯覚のせいで、基本問題に戻ることができなくなっているのです。

✍資格試験では細かい疑問を抱いても妥協して先に進むこと

1度、知識のドーナツ化現象に陥ってしまえば、抜け出すことは非常に困難です。この状態に陥ると重要な知識と、そうでない知識が頭の中に混在してしまい、何が基本問題なのかもわからなくなってしまいます。

そして、試験に重要でない細かい不要な知識であるにもかかわらず、その知識を忘れてしまうのが怖くなり、その細かい不要な知識を切り捨てることができなくなってしまうのです。

そうなると、やらなければならないことが膨大に膨れ上がり、結局、基本問題を疎かにしてしまい、中心となる重要な知識が抜けてしまうのです。

資格試験では、細かい疑問を抱いても妥協して先に進むことが必要です。

そして、妥協を積み重ねていくことができれば、この知識のドーナツ化現象を防ぐことができるのです。

コラム1　資格専門学校の罠　専門学校は簡単な試験を難しくする？

資格の専門学校や通信教育では、資格試験の種類ごとに試験の難易度や標準学習期間の目安が掲載されています。「この説明ほど当てにならないものはない」と考えて検証してみることにしました。その結果、意外にも、簡単な資格試験ほど、意図的に難易度が上げられていることが多いことに気がつきました。

本当の理由はわかりませんが、あまりに簡単な資格試験の難易度を、そのまま説明してしまえば、専門学校などを利用する価値が少なくなってしまうからだと思います。

このような資格の中には、筆者がたった、2、3週間の勉強で合格した試験にもかかわらず、標準学習期間が3か月や6か月に設定されているものさえあるのです。

本当は、たった1冊の問題集だけで合格できる資格試験を、明らかにオーバースペックなテキストや問題集を教材として提供し、あえて自分たちの価値を高めているのです。そうでもしないと高い受講料を稼ぐことができないのでしょう。

また、そうすることで、専門学校を利用したほうが合格しやすいと錯覚に陥るよう、巧妙に仕組まれているのです。

このような専門学校等の罠にはまってしまえば、試験に簡単に合格するために受講を申し込みしたにもかかわらず、逆に合格することが難しくなってしまうかもしれません。

第2章

絶対やってはいけない勉強法

1　高学歴者が書いた特別な勉強法を真似してはいけない

✍効率のいい勉強法とは特別な勉強法ではなくムダを省く勉強法である

資格試験において、短期合格を望まない受験者はほとんどいないと思います。しかし、資格試験に「短期間で合格する特別な勉強法はない」と肝に銘じてください。

それを物語っているのが、これだけ多くの勉強本が出版され、多くの人に読まれているにもかかわらず、その成果が全く現れていない受験者が大半だという現実があります。

その理由の1つに、勉強本の多くは、著者自身でしか実行できない特別な勉強法だったり、まとめノートやマインドマップづくりなど、思ったより手間と時間ばかりかかってしまう勉強法だからです。

そういった勉強法を真似しては、途中で挫折し、資格試験を受けることさえ諦めてしまうケースも少なくないでしょう。

資格試験対策に特別な勉強法を求める気持ちは十分理解できますが、少し冷静になって考えてみてください。例えば、10万円する電化製品を1万円で購入する方法が販売されていたとしても、普通の人なら、興味はあるけれど、そんな方法など怪しいと感じて購入するまでには至りません。

しかし、これが資格試験になると一変します。

通常1年間の勉強期間が必要とされる資格試験に、「1か月で合格した勉強法」「スキマ時間だけで合格する勉強法」というような特別な勉強法になると、なぜか手を出してしまう受験者が後を絶ちません。

金銭に換算することができないためなのか、こういう勉強法に惑わされ、結局、時間のムダに終わってしまい、残念な結果になってしまう人が非常に多いのです。

特別な勉強法を求めるということは、普通の人が１００時間かけて覚えることを、10時間で覚えてしまうような勉強法を求めているということです。

何度も言いますが、そんな特別な勉強法など存在しません。あったとしても、それができるのは、一部の「天才」や、その人だけができる特別な勉強法であり、「普通の人」には到底実行することはできないのです。

✍今流行のまとめノートやマインドマップ作成はムダな作業

筆者が実行した勉強法は、特別な方法ではありません。

「効率のいい勉強法」とは、徹底的にムダを省くことです。したがって、まとめノートをつくったり、今流行のマインドマップを作成したりすることは、資格試験の短期合格を目的とする上でムダな作業と考えています。

2　ノートづくりは必要ない

✍ノートをつくっても自己満足で終わる可能性が高い！

義務教育時代、皆さんは、ノートを取るという行為は当たり前のことで、特に意識しなくても授業が始まれば黒板に先生が書いたことをノートに取ることが当然のことだったと思います。

しかし、冷静に考えてみると、ノートを取る行為は、「先生が授業中に黒板に書いたことをただ写していただけのこと」が多かったのではないのでしょうか。

本書をお読みいただいている方のほとんどは、独学で資格試験に挑戦しようとされているはずです。授業を聞くわけでもないのに、どうやってノートづくりをするのでしょうか。

また、学習の初期段階では、どこが重要なのかさえもわからない状況です。さらに、筆者のように今まで勉強をまともにしていなかった人は、ノートのつくり方すらわかっていません。

せっかくつくったノートが、使い物にならない可能性はきわめて大きいのです。そうなると、ノート作成に費やした時間が全くのムダになり、資格試験に短期間で合格するという目標から遠のいてしまいます。

また、ノートをつくったことで勉強したという恐ろしい錯覚を起こすことも非常に危険です。実

【図表１　まとめノートづくりなどは時間の無駄】

	まとめノート・マインドマップ	テキストへの書き込み
作業時間	× 多くの時間を費やす	○ 短時間
信頼性	×	○
満足感	◎	△
見た目	△	△
効果	× 貢献度は少ない	○ 一元化・効率的
総合	×	◎

は、ノートをつくることが目的となってしまい、結局、何も覚えていないというような状況に陥る可能性が高くなるのです。

さらに、完成したノートを見直す人がどれだけいるのかも疑問です。読み返す必要があるのであれば、プロがつくったテキストで十分事足ります。

プロがつくったテキストは、重要部分は最低限太線になっていたり、わかりやすくなった図表などがすでに掲載されています。

どうしても足りないところがあれば、テキストの余白などに書込みを加えることで、自分のオリジナルテキストを作成すれば十分です。

今流行のマインドマップなる物も、手間がかかるばかりで資格試験ではムダな作業です。

このような、まとめノートやマインドマップの作成は、時間ばかり取られ、結局は実になっていない危険な勉強法です。

3　書いて覚えるのは時間のムダ

✍書いて覚えるのは勉強法を知らない人

書いて覚えるという勉強法も、まとめノートづくりと同じく非効率的だと言わざるを得ません。まず、まとめノートづくりと同様に、書いている間は、書く作業に集中してしまい、その結果、覚えようとする意識が薄れてしまうのです。

また、書くという作業は、読む作業と比べて数倍の時間を要します。人間は、たった1度だけ読んだり書いたりしただけでは、その内容を覚えられるようにできていません。何度も繰り返すことで覚えていくことができるのです。

書くことに時間を費やすぐらいならば、むしろ読む作業を数倍繰り返したほうが速く覚えることができるのです。

もちろん、記述式や論文形式などの問題形式であれば、書くことが試験対策となり、重要な場合もあります。しかし、このような出題形式の資格試験は非常に少なく、ほとんどの試験は択1問題形式です。

このような問題形式では、選択肢の中に解答があるのであり、漢字などを正確に書くことや読むことができなくても、選択肢の中から解答を選ぶだけで正解に辿り着けるのです。

やはり、繰り返し学習の勉強法では、書いて覚えるなどの作業は、かえって時間のロスが大きく、ムダな作業だといえるでしょう。

4　テキストを読み込んでも効果は少ない

✍読み込むのはテキストではなく問題集である

筆者が合格した資格試験に限っていえば、テキストの読み込み作業は一切必要ありません。なぜなら、テキストを繰り返し読み込む作業を1度もすることなく合格しているからです。

勉強が元々嫌いである筆者のような普通の受験者は、テキストをただ読むだけでは、天才や秀才とは違い興味が湧かず、記憶力が高い状態になりません。そのような状態でテキストを読み込んでも、覚えることは非常に難しいのです。

多くの受験者は、テキストを読み込んでも、眠くなったり、すぐに他のことを考えてしまうなど、典型的な駄目パターンに陥ることになってしまいます。

では、いったいどのようにして覚えればいいのでしょうか。その答えは、知識のインプット作業も、過去問題集の問題や解説部分を読みながら覚えていくというやり方です。

こうする理由は、テキストを読んでいるときと問題を読んでいるときの人間の集中力の違いや、頭が思考中になっているかの違いにあります。

人間は、人から自分に直接何かを聞かれたことに対しては、何らかの返事をしようとする本能があります。

学校の授業では、延々と話を聞くだけで、眠くなったり、集中力を欠いたりしますが、自分自身に直接質問を投げ掛けられると、途端に眼が覚め、質問の返事をしようと考え、思考力を働かせるのです。

このような違いが、テキストをただ読み込む場合と、問題を解くときの違いに現れているのです(ただし、インプットとアウトプットを問題集から行う場合、問題集選びが非常に重要になってきます。これについては、第3章の「合否を分ける!　暗記のための市販教材選び」で詳しく述べています)。

5　目標を高く設定してはいけない

✍達成感を味わって勉強を続けよう

目標を高く設定することは、資格試験の勉強に慣れしている人はいいかもしれません。しかし、本書の読者は、目標は達成できるレベルに設定してください。もちろん、最終的に合格できるスケジュールでの目標設定であることが前提です。

目標を高く設定し過ぎると挫折する原因になります。

心理学上でも、人は、目標達成することや褒められることで、成長したりやる気が出るといわれています。

例えば、普段は毎日3時間の勉強を目標にしていたが、きょうはどうしても「設定した目標時間を勉強する気分になれない」といったことがあるものです。

そんな日は、思い切って10分だけ、いや5分だけでもいいから勉強しようと目標を下げてみてください。

いざ5分だけと決めて始めた勉強だったはずが、気がついてみるといつの間にか勉強を始めて数時間経っていた、そんなこともよくあることです。最初から高い目標ばかりに設定しておくと、しまいには嫌気がさしてくるかもしれません。

それよりも、毎日達成できる目標設定にして、その目標をクリアする度に達成感を味わうことが必要です。

また、達成した自分を褒めたり、自分自身にご褒美を与えるのも大切なことです。

筆者の場合は、毎日の小さなご褒美として、何時まで勉強したらコーヒーを飲む、お菓子を食べる、また、大きな中間目標をクリアすると、気分転換に趣味の釣りに出かけたりしていました。

6　満点を目指してはいけない

✍わからない問題を捨てる勇気が必要

勉強を進めていく中では、理解できないような難問や、今後は出題の可能性の低い問題などに必ず遭遇します。

これらの問題をどのような位置づけにするかが課題となりますが、結論はこのような問題はキッパリ捨ててしまうことが正解です。

捨ててしまえばいいと頭でわかっていても、「今回は出題されるかもしれない」と考え、中々捨ててしまう勇気が出ず、実行することができないものです。。

しかし、筆者が多くの資格試験に挑戦して検証した結果、そういう難問は、再度、出題される可能性はきわめて低いというのが結論です。まれに出題されたこともありましたが、そういう場面に出くわしたのはほんのわずかです。

そういう問題は、他の受験者もほとんど解くことはできませんので、合否にほとんど影響せず、心配することは全く必要ありません。

資格試験の勉強では、速い段階で一通り最後まで学習を終えることがとても重要になります。試験範囲の全体を早めに把握することができれば、現在、自分がどこの項目を学習しているかを把握しやすくなり、他分野との比較などで学習効率が高まります。

どのようなゲームであっても、ゲーム全体のルールを把握していなければ、一部分のルールだけできるようになっても、そのゲームの勝者になることは難しいのです。

出題される可能性が少ない問題を捨てる勇気を強く持つことも、資格試験の短期合格には必要なのです。

7　本試験以上の難易度の高い問題はいらない

難易度の高い問題は余裕がある人だけで十分

この課題も筆者が実際に検証済みです。結論は、本試験と同一レベルの問題を多く学習することが合格への1番の近道だということです。

このことは、ＦＰ２級試験の受験対策用の問題集を購入したときに痛感しました。その問題集は、ＦＰ２級試験対策としては有名な問題集でした。しかし、その問題集は、本試験の問題より難易度が非常に高く、一向に勉強が進まなかったのです。

「ＦＰ２級はこんなに難しいのか」と非常に悩みました。そこで、実際の本試験問題を確認すると、

【図表２　難易度の高い問題集はＮＧ】

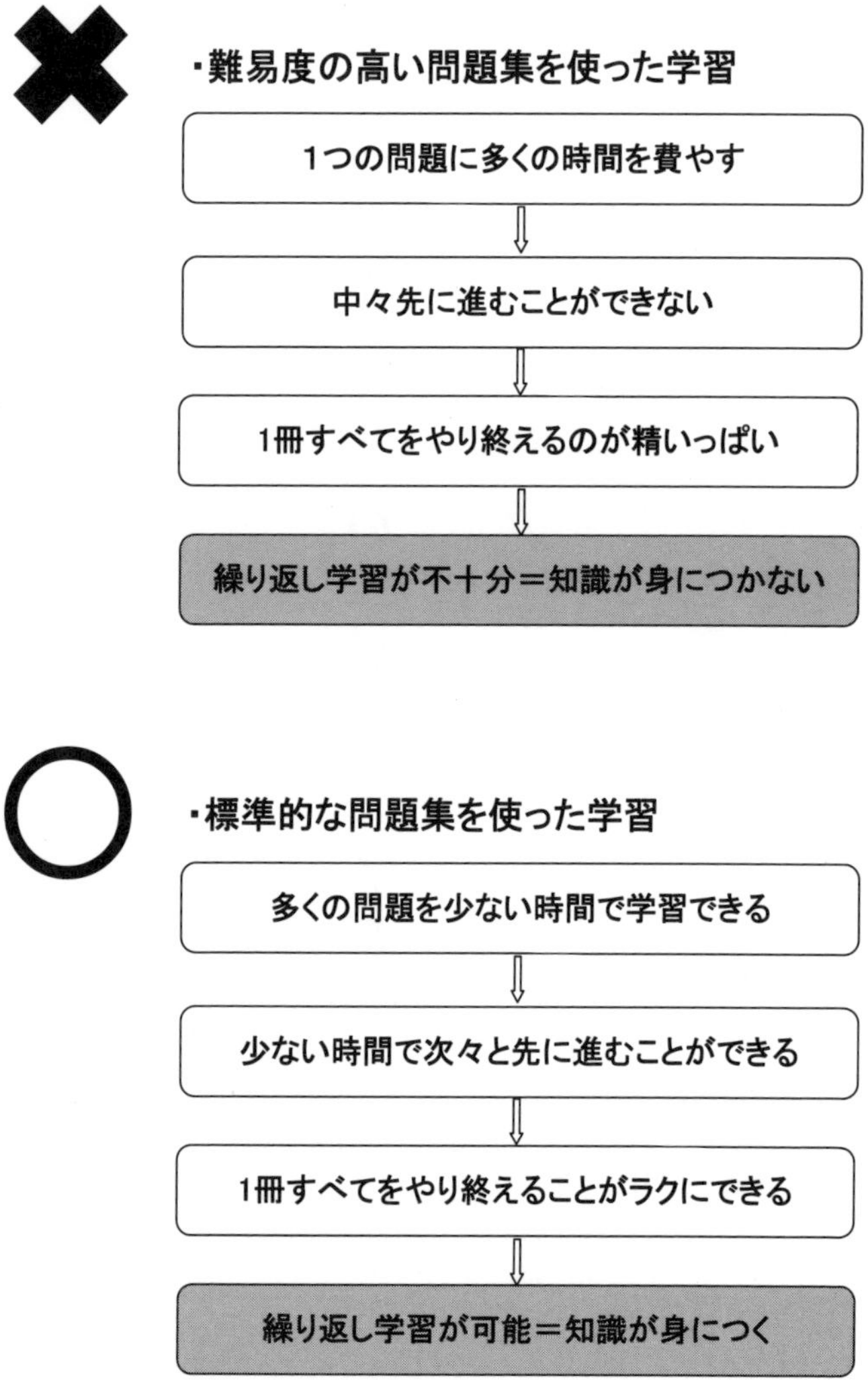

・難易度の高い問題集を使った学習
1つの問題に多くの時間を費やす
中々先に進むことができない
1冊すべてをやり終えるのが精いっぱい
繰り返し学習が不十分＝知識が身につかない
・標準的な問題集を使った学習
多くの問題を少ない時間で学習できる
少ない時間で次々と先に進むことができる
1冊すべてをやり終えることがラクにできる
繰り返し学習が可能＝知識が身につく

明らかに購入した対策問題集より本試験のほうが簡単だったのです。

筆者は、さっさとその対策問題集に見切りをつけ、他の問題集に切り換えました。

すると、全然進まなかった勉強がスイスイと進み、あっという間に最後まで一通り学習することができたのです。

それ以降、新しく買い直してきた本試験と同一レベルの問題集を何度も繰り返すことで、合格することができたのです。

難易度の高い問題を学習するということは、確かに力がつくかもしれません。しかし、その方法では、１つの問題を解くために非常に多くの時間を費やします。資格試験で短期合格を目指すのであれば、これは大きなデメリットとなってしまうのです。

本試験までに時間に余裕がある受験者であれば、そのような難易度の高い問題を学習するのもいいでしょう。

しかし、本試験までに余裕を持って迎えられる受験者は圧倒的に少ないはずです。

本試験と同一レベルの問題で十分に力はついていきます。時間のかかる難易度の高い問題に手を出すよりも、本試験と同一レベルの問題を少しでも多く繰り返し勉強したほうが、確実に合格に近づき、全体的な力もついていくのです

もし、あのとき、難易度の高い問題集で学習を続けていたら、勉強時間が足りなくなり、繰り返し学習することができず、不合格になっていたかもしれません。

難易度の高い問題集は、あくまで試験の合格レベルに達した後で、さらに時間に余裕がある人だけにしておくのが賢明です。

8　多くの問題集に手を出す負のスパイラル

✍中途半端な知識を増やしても正解することはできない

問題集1冊をすべてやり遂げた際、それがたった1回だけにもかかわらず、自分の知識レベルがかなり上昇したかのような錯覚に陥ります。

普通の人は、たった1度や2度、問題集をやったぐらいでは覚えられるものではありません。もちろん、学習開始前よりレベルは上がっているのは当然だと思いますが、この段階で宅建やFPなどの本試験の問題を解けるようなレベルになっているのであれば、受験者のほとんどが合格してしまいます。

自分の知識レベルが上昇したという勘違いは、やり遂げた問題集をもう1度最初から繰り返し解いてみれば、それがすぐに勘違いだったということに気がつきます。

しかし、問題集を1冊やり遂げたという達成感が、もう1度繰り返して学習しようとする意欲の邪魔をしてしまうのです。

また、やり遂げた達成感から、また同じことを繰り返すことに飽きてしまうのです。その達成感や飽きたことにより、たった1回や2回だけ学習した問題集をまた繰り返し行うことに少し嫌気がさしてしまうのです。

繰り返し学習の重要性を知らずにいた場合、これらの複合的な要素から、次の新しい問題集に進みたい気持ちが芽生えてきます。これは、違う見方をすると、繰り返すという嫌な心理状態から逃げているということです。

中途半端な知識の段階で新しい問題集に取りかかると、新たに中途半端な知識がまた増えてしまいます。

この中途半端な知識が増えれば増えるほど、本試験では迷いが生じます。

このことは、どの勉強本でも取り上げられているにもかかわらず、実行できていない受験者が多いのです。

✍同じことを何度も繰り返すことができた人が合格する

資格試験は、繰り返し、繰り返しの反復作業を行うことによって、知識を定着させていきます。同じことの繰り返しは、はっきりいって苦痛です。普通の人は、この苦痛から逃げるために、次々と新しい問題集に手を出してしまいます。

しかし、合格者は違います。繰り返し学習の重要性を嫌というほど知っているため、何度も何度も同じことを繰り返し反復させ、知識を定着させていくのです。

この苦痛から逃げずに、「繰り返しを続ける」ことができた人が、合格に近づきます。

9　過去問を最後の力試しに取っておくのは論外

✍過去問は1番最初にやるべき問題集

過去問学習は、合格へ近づく1番の近道です。

しかし、自分の力試しのために、過去問題を本試験の直前まで取っておく受験者がいるようですが、これは大きな間違いです。

資格試験は、過去に問われた問題が、何度も繰り返し出題されています。これには大きな2つの理由があります。

その1つは、その問題の知識が重要であるためです。

もう1つは、問題を作成する出題者側の都合です。

資格試験では、まれに出題ミスが発生してしまいます。問題をつくるのは、もちろん機械ではなく人間が行うため、どうしてもミスが発生してしまうのです。

筆者が実際に受験した国家試験でも、出題ミスが何度も発生しました。この出題ミスの発生は、試験運営側の恥であり、絶対にあってならないものです。

このような出題ミスを避けるためには、どうしても問題の作成が簡単に行え、ミスが発生しにくいところから出題されます。

また、過去に出題されたことのある問題で、その問題に疑義が生じていなければ、その問題をアレンジして問題を作成してしまえば、当然、出題ミスの可能性は少なくなります。

試験問題のほとんどが、与えられた選択肢が正しいのか、間違っているかを答える形式です。日本語というのは難しいもので、ちょっとした文章の違いで全く違う意味になったり、正反対の意味に簡単に変わってしまいます。

このようなことから、出題者側の都合によって、過去に出題した疑義の発生しなかった問題を、少しだけ形を変えたり、違う方向から問いかけて作成し、出題ミスを極力出さないように努力をしているのです。

ここ最近、さすがに過去問と全く同じ問題というのは、どの資格試験においても少なくなっています。

しかし、過去問学習において、単にその問題が○か×かを覚えるのではなく、その問題の解説等から得られる周辺知識を習得しておけば、本試験でその学習したところに遭遇する可能性が高くなるのです。

これこそが、過去問題集を優先して行う1番の理由なのです。

10　不合格者のアドバイスは無視せよ

✍不合格者に意見を求めてはいけない

「今やっている勉強法で合格できるだろうか」―このような疑問を資格試験の勉強中に、必ずといっていいほど悩める時期が訪れます。

そのとき、1番やってはいけないのが、不合格者に意見を求めるということです。

合格率が数％の行政書士などの国家試験では、一発合格者の方が圧倒的に少ないです。もし、あなたの身近に同じような資格試験の勉強をしている人がいたとします。

合格者で、引き続き同じ資格試験を勉強している人はまずいませんので、あなたの身近に同じ資格試験勉強をしている人は、今回初めて受験する人、または受験に失敗した多年受験者のどちらかということになります。

これらの受験者に勉強法のアドバイスや助言を求めても、絶対に参考にしてはいけません。合格率が1桁ということは、あなたの身近にいる受験者のほとんどが次回の試験においても不合格になる可能性が90％以上もあるということです。

その不合格予備軍にアドバイスや意見を求めても、今あなたがやっている勉強法に迷いが生じるだけです。

例えば、あなたが学習の初期段階から、積極的に過去問題に取り組んでいたとします。そんなとき、あなたが周囲の不合格予備軍にアドバイスを求めたところ、「過去問なんてやっても、同じ問題は出ないから意味ないよ」とアドバイスを受けたらどう思うでしょうか。

また、多年受験者が、「本試験では過去問題なんて1つも出なかった」と言ったら、それはもうパニックです。

あなたがそんなアドバイスを真に受けてしまったら、せっかく合格に1番近い過去問学習をしていることに迷いが生じてしまいます。不合格者になったということは、その人は勉強法を間違えていたのだと判断し、そんなアドバイスは無視してしまえばいいのです。

勝者の意見を求めるのはどの世界でも同じ

スポーツの世界では、自分より格上の選手の意見を積極的に取り入れ、またフォームや動作の真似をすることは当たり前です。以前、筆者は、モータースポーツに参戦していたことがあります。その業界も同じで、よいタイムが出ない選手は、速い選手に運転方法や車のセッティングなどのアドバイスを積極的に求めていました。

これは当然のことで、遅い選手が、同じような遅い選手にアドバイスを求めても上達しないことなど、小学生でもわかることだからです。

しかし、資格試験の世界では、不思議なことに、資格試験の合格者である「勝者」がせっかく有益なアドバイスをしても、不合格者の「敗者」は、何故かそのアドバイスを聞こうとしないのです。今までやってきた勉強法を今さら変えるのが嫌なのか、プライドが邪魔しているのかわかりませんが、資格試験の世界では、「敗者」は「勝者」のアドバイスを聞かない傾向にあるようです。

もしあなたが、たくさんの資格試験を受けて短期合格に必要なスキルが既に身についているのであれば、本書など読んでも時間のムダになるだけです。

しかし、もし、あなたが資格試験の世界の「敗者」であるのであれば、この世界の「勝者」である合格者の勉強法を今すぐ取り入れるべきです。

資格試験においても、参考にする意見は、「合格者である勝者の意見だけにする」というぐらいに割り切ることが必要なのです。

ただし、合格者のアドバイスであっても、取り入れるのは、資格試験の常勝組の意見に徹することです。このような資格試験の強者たちは、合格するために何が必要で、何がいらないのかを既に習得しています。そして、この強者たちに共通していえることは、自分の勉強法にぶれがありません。ましてや、他人の勉強法など気にもしていないのです。なぜなら、資格試験の常勝組からすれば、他人のアドバイスなど聞いても、そのほとんどがムダになるとわかっているのです。

「敗者」が「勝者」の意見を求めることがあったとしても、「勝者」が「敗者」の意見を求める必要は全くないのです。

✍合格しやすいタイプはもの真似名人？

あらゆる分野で上達が早い人に共通していることは、「もの真似が上手な人」ということです。もの真似が上手な人の特徴は、人の行動をよく観察し、それを再現する能力にたけています。この「再現力」により、あっという間にあらゆる事を習得し、自分のレベルをいとも簡単に上達させることができるのです。仕事では、先輩の仕事振りをよく観察し、すぐに自分も同じように再現することができるのです。そして、あっという間に、その先輩と同じレベルまで到達してしまいます。気がつけば、その先輩をとうに追い越し、次のステージへ駆け上がっていくのです。

一方で、「自分が一番、自分が正しい」と自信過剰な人たちは、ある一定のレベルまでは到達できたとしても、周りの優秀な人たちを認めない傾向があるため、そこで頭打ちになってしまうのです。それよりも、自分より優秀な部分を持ち合わせている人が近くにいるのであれば、その部分を真似て自分のスキルにしたほうがいいのです。

資格試験でも、自分より優れた「合格力」を持つ人物が近くにいるのであれば、素直にそれを認めて真似してください。そして、仕事やスポーツだけでなく、資格試験でも「もの真似上手」になれば、資格試験の「合格力」は必ず向上するのです。

本書を手にしたということは、あなたの近くに資格試験の勉強に参考になる人物がいないのかもしれません。それならば、本書の勉強法を騙されたと思い、信じてやり通してください。そうすれば、きっとあなたを合格に導いてくれると確信しています。

コラム2　資格専門学校の罠　専門学校にかかれば、どの資格も有望資格？

「就職・転職に有利！」「企業からのニーズが高い」－このように資格の価値を紹介され、高い受講料を払い、資格を取ったにもかかわらず、就職や転職では全く役に立つこともなかった。

これでは資格取得の労力がまったくムダになってしまいます。

また、「独立開業して活躍できる」－このような内容を信じて独立しても、開店休業に追い込まれ、やむなく廃業してしまった。

こんなことなら、「そのままサラリーマンで働き続けておけばよかった」と後悔しても後戻りはできません。

専門学校に踊らされ、資格を取ってしまったがために、高収入を捨てて独立開業して失敗してしまっては、資格を取ったこと自体を後悔するかもしれないのです。

その資格は、本当に必要なのか、役に立つのかよく考えるべきです。そうしなければ、時間と労力をかけて資格を取得しても、「こんなはずではなかった……」と後悔してしまうことになるかもしれません。

どの資格も、専門学校にかかれば、たちまち有望資格に成り上がってしまいます。

資格を取りさえすれば将来安泰などという時代は、残念ながら、とうの昔に終わっているのです。

第3章

資格試験は暗記がすべて！

1　資格試験はしょせん「暗記」

✍どんな試験でも「暗記試験」である

筆者は、23の資格試験をすべて一発で合格しました。その経験からいえることは、資格試験はしょせん「暗記試験」だということです。暗記ができれば、ほとんどの資格試験に合格することができます。そして、暗記をすることが資格試験合格への1番の近道切符なのです。

しかしながら、受験者の暗記に対してのイメージは悪く、「暗記は大変」「暗記よりも理解が大切」という間違った認識を持った受験者が多いように思います。

ＦＰ（ファイナンシャルプランナー）という資格試験があります。そのＦＰ試験の最高峰といわれているＣＦＰ（国際資格）および1級ＦＰ（国家資格）という資格がありますが、これらの資格試験は、難解な計算問題が多数出題されます。

この資格試験も一発合格しましたが、学習開始の当初は、あまりに難解な計算問題のため、理解に苦しみ、諦めてしまおうかと考えたほどでした。

「これは流石に専門学校にでも通わないと合格は厳しいかな」―いったんはそう考えましたが、取りあえず、ひたすら過去問題の解説を見ながら、出題パターンを繰り返し暗記することに専念しました。

すると、あるときを境に、最初は全くわからなかった難解な計算問題も、出題パターンを暗記したおかげで、いつの間にか解くことができるようになっていたのです。

結局、計算問題も、どれだけ出題パターンを暗記しているかで決まります。本試験や模試で出題される初見の問題も、暗記している出題パターンの応用で解けばよく、計算問題も暗記の上に成り立ち、暗記が最も重要だったということです。

理解ができなければ、取りあえず暗記をしてしまえばいいのです。そうすると、不思議なことに、理解は後からついてきます。

資格試験は暗記がすべてであり、暗記の技術を知っている者が試験の勝ち組なのです。

2　受かるための暗記の技術

①　暗記は繰り返すタイミングが最も重要！　記憶のメカニズムを知る（エビングハウスの忘却曲線）

皆さんは、「エビングハウスの忘却曲線」を知っていますか。エビングハウスは、人間の記憶の忘却がどのように忘れられていくかを実際に実験した有名なドイツの心理学者です。その実験結果をグラフで示したものが「エビングハウスの忘却曲線」（図表3参照）です。

【図表３　エビングハウスの忘却曲線】

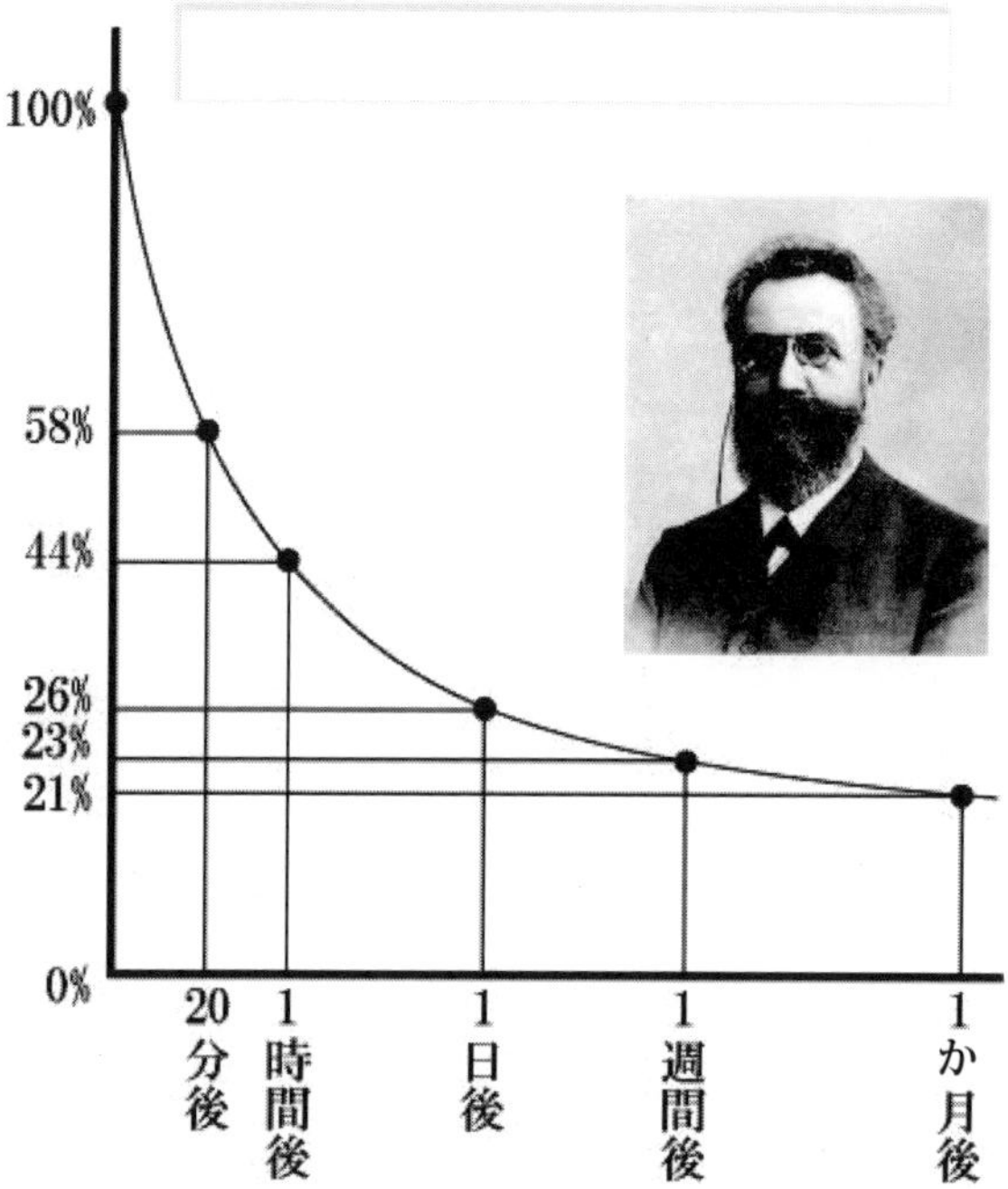

20分後	**58%覚え、42%忘れる**
1時間後	**44%覚え、56%忘れる**
1日後	**26%覚え、74%忘れる**
1週間後	**23%覚え、77%忘れる**
1か月後	**21%覚え、79%忘れる**

顔写真は、Wikipedia より

この実験から判明したデータによると、人間は20分後には42％、1時間後には56％、1日後には74％、1週間後には77％、1か月後には79％を忘れてしまうという結果が出たそうです。

資格試験の受験を開始したときは、このエビングハウスの忘却曲線のことは全く知らず、受験開始の初期段階では、「覚えた次の日に復習する」という方法で学習していました。

しかし、前日に勉強した内容にもかかわらず、既に、翌日にはあまりにも多くのことを忘れているため、「自分はやっぱり頭が悪いんだな～」とショックを受けていました。

普通の人よりきっと記憶力が悪いのだろうと考えて次に採用したのは、覚えたその日に内に復習するという方法です。

この方法を取り入れた以降、これまでやってきた次の日に復習する方法より、明らかに覚えている量は増えていました。

それでも忘れている内容は非常に多く、「自分は記憶力が欠落しているのではないか」と落胆したものです。

それならばいっそのこと「覚えた直後に復習してみよう」と割り切ることにしました。この方法では、学習した内容を直後に復習しながら進めていくため、1度に学習する量としては若干減ってしまうことになります。

しかし、この方法に切り替えてからは、記憶の定着率が抜群に飛躍しました。1度に学習する量が減ったとしても、結果として多くの量を速く覚えることができるようになったのです。

その後、このエビングハウスの忘却曲線を知ることになり、暗記の技術が自信から確信に変わったのです。

やはり、人間が元々持っている記憶力に大した差などなく、「復習するタイミングの暗記の技術を知っているか否かが、資格試験の合否を分ける」といっても過言ではないのです。

【図表4　完全忘却と再認可能忘却】

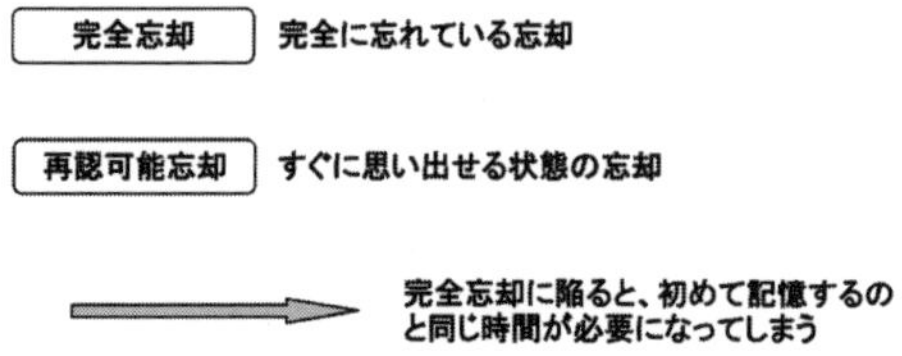

② 完全忘却を阻止せよ！ 忘れている状態には2種類ある

「忘れている状態」には、大きく分けて2種類あります。それは、完全忘却と再認可能忘却です。

完全忘却とは、「あれこんな問題あったかな……」と、初めて見た問題でもないのに全く覚えていない状態をいいます。

再認可能忘却とは、「あっこの問題あった！」と、前にも見たことがある問題だと、忘れていたことを思い出せる状態をいいます。

つまり、忘れているということは、すぐに思い出せる状態と、全く思い出せない状態に分かれているということです。

完全忘却の状態に陥ると、それは復習ではなく、初めて覚えることとほとんど同じことになってしまいます。そうすると1回目に覚えたことは、ほとんど意味をなさなくなり、改めてそこが1回目の学習ということになってしまうのです。

つまり、効率よく暗記をしていくためには、完全忘却に陥る前に復習することが絶対に不可欠だということです。

同じ学習時間でも、復習せずに進めた場合と、きちんと復習しながら進めた場合では、記憶の定着に大きな差が生まれてしまうのです。

③　暗記は繰り返せば誰でもできる（最も効果的な復習のタイミングとは）

図表5は、エビングハウスの忘却曲線のデータと重ね合わせた著者の経験に基づき、最終的に辿り着いた最も効果的な復習のタイミングです。

図表5　最も効率的な復習のタイミング

1回目	覚えた直後に1回目の復習する（可能であれば、その日の内に2回目の復習をする）
2回目	次の日に復習する（ここで間違えた問題は1回目に戻る）
3回目	1週間後に復習する（ここで間違えた問題は1回目に戻る）
4回目	2週間後に復習する（ここで間違えた問題は1回目に戻る）
5回目	1か月後に復習する（ここで間違えた問題は1回目に戻る）

この中で、1回目の復習のタイミングが最も重要です。

私自身、覚えた直後に忘れていることなどないだろうと最初は過信してしまい、この1回目の復習を全く実行していませんでした。しかし、実際に覚えた直後に再度復習したことで、意外にも忘れていることに気づかされました。

このときから、覚えた直後に復習することを新たに取り入れ、その結果、記憶の定着率が飛躍的に向上したのです。

おそらく、覚えた直後に復習する方法を実行していない受験者が、多いのではないでしょうか。効率よく暗記をするには、覚えた直後に復習することが、最も効果的な復習のタイミングです。

④ 繰り返す回数を簡単に増やす方法

覚えた直後が最も記憶の定着率が高いことは、エビングハウスの忘却曲線により明らかです。このデータを元に効率的に簡単に繰り返す方法があります。

それは、覚えた内容を2度見して確認する方法です。

例えば、覚えた内容を繰り返し学習する場合に、その間隔が短ければ短いほど学習した内容を覚えています。その覚えている間に読み返せば、ほんの数秒で簡単にその問題を繰り返すことができ、また、学習した直後の復習が最も記憶の定着に寄与することになります。

具体的に、4肢択1試験を例に解説します。

まず、最初に肢1の問題と解説を読みます。

その直後に、サラッと肢1の問題と解説にもう1度目を通し、2回目の確認をします。覚えた直後なので、すばやく復習することができるはずです。

続いて、肢2～4も、肢1と同様に行います。

そして最後に、一気に肢1～4のすべてを見直し3回目の確認を行います。

どれも問題と解説を読んだ直後のタイミングであり、内容をよく覚えていますので、タイムロスはほとんどありません。この方法は、短時間で3回も繰り返すことが可能になるのです。

この方法は、特に1回目の学習、または、完全忘却した場合に取り入れると非常に効果的です。

⑤　思い出し方も一緒に暗記する

✍思い出すきっかけが多いほど思い出せる確率が高い

「あれっ何を買いに来たんだっけ？」―あれだけ家を出るときは覚えていたのに……。こんな経験は、1度や2度はあるはずです。

しかし、あれだけ思い出すことができなかったにもかかわらず、家に帰ると「あっあれだ！」と、急に思い出し、悔しい思いをしてしまいます。

この現象は、忘れていたことを、あるきっかけで、瞬時に思い出す現象です。忘れていたこと自体を急に思い出したのではなく、家に帰ってきたということが、思い出しのきっかけとなり、記憶をよみがえらせたのです。

ある学者によると、人間は、1度見たり聞いたりしたことは2度と忘れることはなく、思い出すことができないだけなのだそうです。

大昔に旅行した旅先に、10年振りに訪れ、普段は全く思い出すこともなかった、風景や看板などを10年振りに思い出した経験などはないでしょうか。

つまり、思い出すきっかけさえあれば、忘れていたことを思い出せる確率が高くなるのです。

では、簡単に、思い出すきっかけづくりの方法を次の例題を使い試してみましょう。

次の5つのものを覚えてください。（制限時間30秒）

1　サングラス
2　かつら
3　週刊誌
4　まな板
5　ビール

いかがでしたか。

この例題では、関連性のほとんどない物を5つ覚えることが必要です。そう難しいことではありませんが、1時間後、半日後にも覚えているかは微妙です。

【図表６　イメージ暗記の仕方】

かつらとサングラスをつけた
お父さんが、
ビールを飲みながら
まな板の上で
週刊誌を読んでいる。
週刊誌
ビール

そこで、先ほどの「思い出すきっかけ」を一緒につくってしまえば、思い出せる確率を高めることができるのです。

✍答えが何個あるか覚えてしまえばよい

このような単純暗記の方法は、先に答えが何個あるか覚えてしまうことです。この例題では、答えは5つあります。

「あれっ何だっけ」と、迷ってしまったときに、まず最初に「答えは5つあったな」ということを暗記しておけば、5つ必要という記憶を辿り、思い出すことができる可能性が高くなるのです。

✍イメージ暗記

次は、一見、関連性のなさそうな5つの物を、具体的なイメージに変換して暗記してしまう方法です。少々強引な方法ですが、次のようにイメージします。

「かつらとサングラスをつけたお父さんが、ビールを飲みながらまな板の上で週刊誌を読んでいる」

このように、何の関連性のなさそうなことでも具体的に頭の中でイメージにしておけば、より思い出すきっかけとなり、お父さんが何かしてたなというきっかけから記憶をよみがえらせることができるのです。

⑥　比較暗記法

今度は、関連性のあるものを暗記する場合に、他の関連しているものを比較して一緒に覚えてしまう比較暗記法です。

民法１６２条の条文を使い比較暗記法で覚えてみましょう。

> 民法１６２条（所有権の取得時効）
>
> １　20年間、所有の意思をもって、平穏に、かつ、公然と他人の物を占有した者は、その所有権を取得する。
>
> ２　10年間、所有の意思をもって、平穏に、かつ、公然と他人の物を占有した者は、その占有開始の時に、善意であり、かつ、過失がなかったときは、その所有権を取得する。

【図表7　比較暗記法のメカニズム】

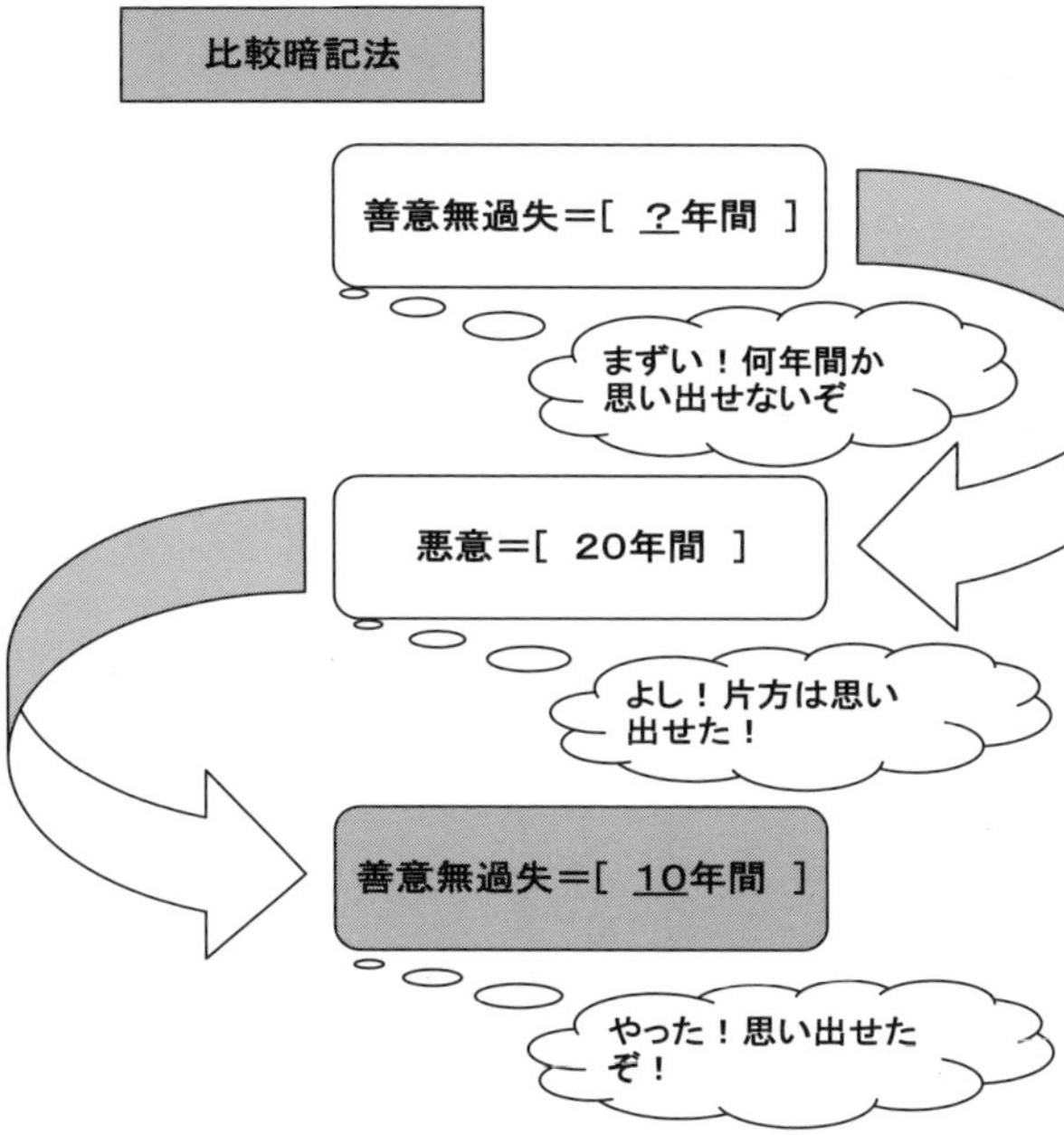
比較暗記法
善意無過失＝[？年間]
まずい！何年間か思い出せないぞ
悪意＝[20年間]
よし！片方は思い出せた！
善意無過失＝[10年間]
やった！思い出せたぞ！

この条文を簡単に解説すると次のようになります。

1項では、とにかく20年間他人の物を占有してしまえば、その所有権をを取得でき、2項では、1項の条件に加えて、善意かつ過失がなければ、10年間でその所有権を取得できるということです。

もっと簡潔にした内容にすると、善意無過失の場合は10年、悪意の場合は20年で所有権を取得できるということです。

この条文では、まず、所有権の取得時効が成立するケースが2つあるということを覚えます。

次に、善意無過失の場合＝10年、悪意の場合＝20年というように暗

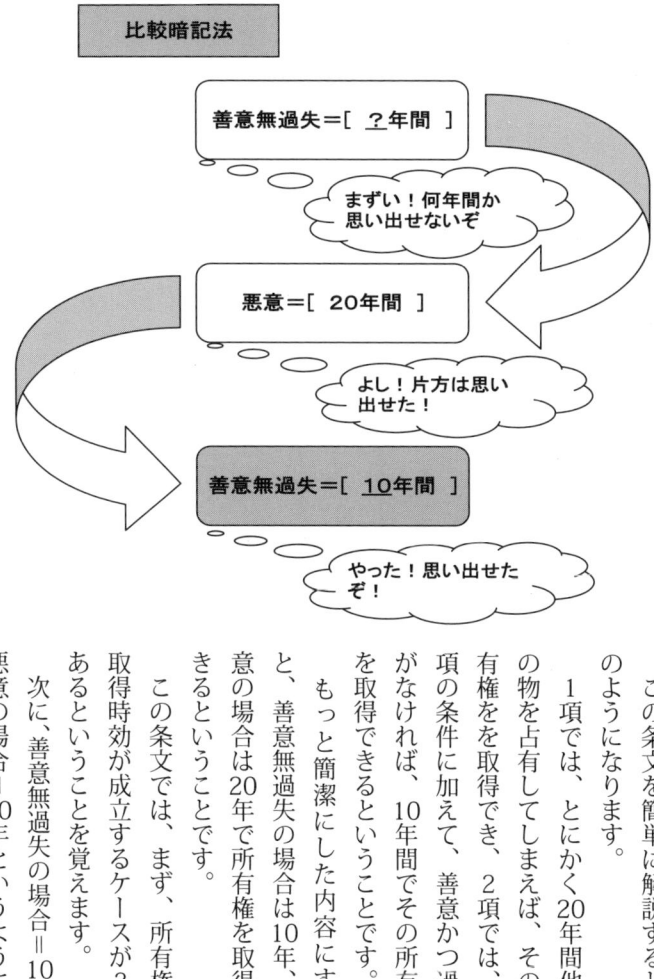

記します。

仮に、善意無過失の場合＝10年で取得時効が成立するということを忘れてしまっても、もう片方の20年で取得時効が成立するということだけでも思い出すことさえできれば、それをきっかけとして、「10年もあったな」と思い出すことができ、次に悪意なら20年、善意無過失なら10年と記憶をよみがえらせる方法です。

こうすることによって、片方だけでも思い出すことができれば、それが思い出すきっかけとなり、思い出すことができなかったもう片方の記憶も思い出すことができる可能性も高くなります。

関連性のあるものは、できるだけ一緒に覚えてしまったほうが、思い出しのきっかけの相乗効果が高まります。

⑦ 連想ゲーム暗記法

前述の⑥の比較暗記法を使い、さらに関連する事柄を数珠つなぎで記憶していきます。

先ほどの民法１６２条の取得時効の要件に近い、次の民法１６７条の消滅時効の条文があります。

> 民法１６７条（債権等の消滅時効）
> １　債権は10年間行使しないときは、消滅する。
> ２　債権又は所有権以外の財産権は、20年間行使しないときは、消滅する。

【図表８　連想ゲーム暗記法のメカニズム】

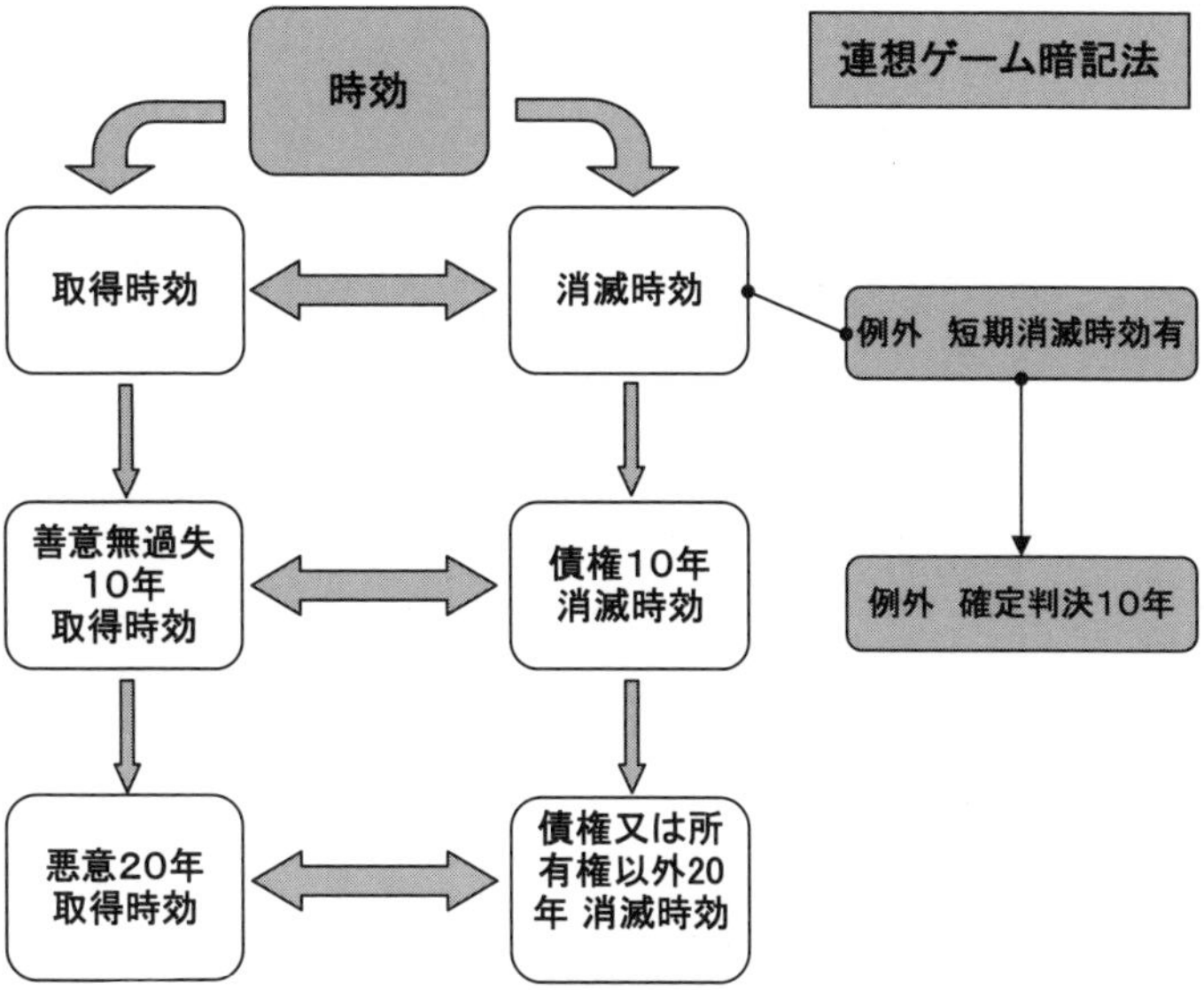

民法１６２条の取得時効は、一定期間、占有を継続すると、時効によって権利を取得する。

民法１６７条の消滅時効は、一定期間、権利不行使の状態を継続させる時効によってその権利を失う。

この２つの条文は、似て非なる部分を持ち合わせていますが、片方は権利を取得し、もう一方は権利を失うという、効果はお互い全く逆になります。

効果の全く違う条文同士を比較して暗記しておけば、片方の条文からもう一方の条文へ連想することができ、思い出しのきっかけにつながります。

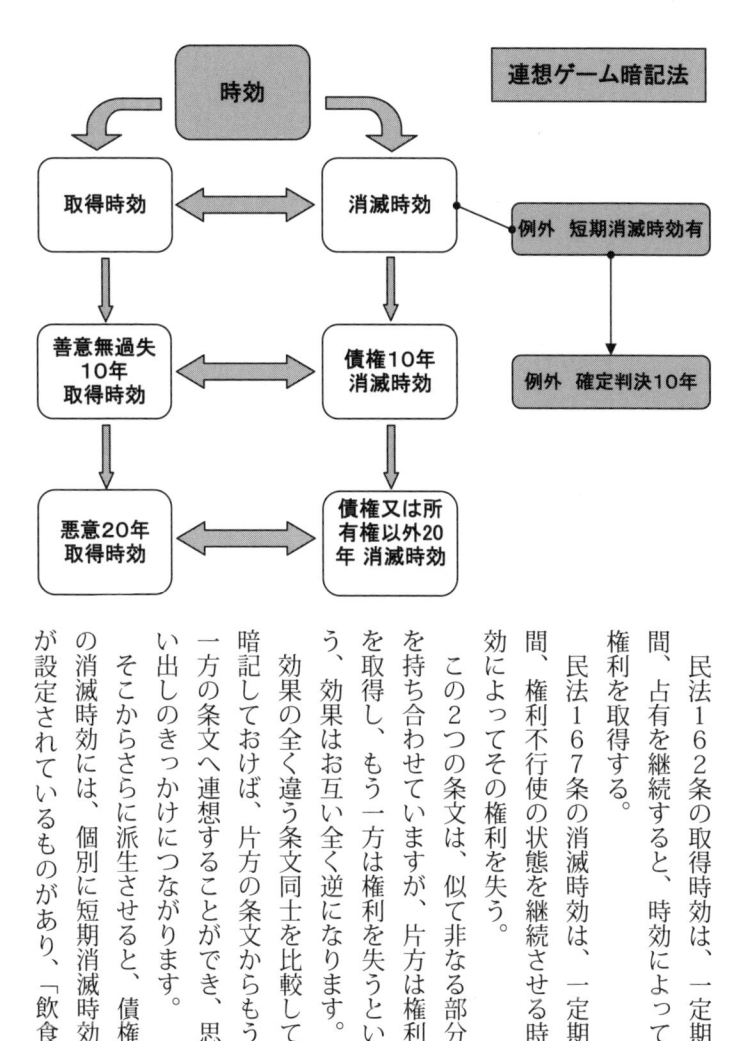

そこからさらに派生させると、債権の消滅時効には、個別に短期消滅時効が設定されているものがあり、「飲食

店の飲み屋のつけなどの債権の消滅時効については短期消滅時効が規定されている」という規定を追加で覚え、続いて、短期消滅時効が規定されていた場合でも、「確定判決によって確定した権利については、その時効期間は10年とされる」と連想させていきます。

さらに……と連想ゲームのように覚えてしまえば、ある1つのことを忘れてしまった場合でも、その中のどれか1つでも思い出すことができれば、それがきっかけとなり、記憶をよみがえらせることができる可能性が高くなります。

⑧ 仲間外れだけ覚える「原則」と「例外」

資格試験では、暗記しなければならないことが山ほどあります。これらのすべてを暗記していたのでは、きりがありません。少しでも暗記の量を減らし、学習の負担を軽くしなければなりません。

図表9は、民法の委任契約の終了原因をまとめたものです。

まともに暗記するには、2×3＝6通りもあり、負担がかなり大きくなります。こういう場合には、まず「原則」と「例外」に区別してみることから始めます。

この図表9の原則は「委任契約の終了が告知なしで終了する」ことで、例外は「委任者の後見開始の審判の場合は当然には終了しない」ことで、原則と例外に区別することができます。

この場合、例外の「委任者の後見開始の審判のときだけは終了しない」とだけ覚えていれば十分です。

例えば、「受任者の破産開始の決定で委任契約は当然には終了しない」と問題文中にあった場合、

【図表９　民法の委任契約終了原因のまとめ】

委任契約終了原因　×は終了原因とならない			
	死亡	破産開始の手続き決定	後見開始の審判
委任者	○	○	×
受任者	○	○	○

このことがわからなくても、「委任者の後見開始の審判のときだけは終了しない」とだけを覚えていれば、この問題文は誤りだと判断できてしまいます。

図表全体を暗記しようとするのではなく、「原則」と「例外」に分けるという視点からとらえることができれば、暗記の量を大幅に減らすことができます。

次は、実際にＦＰ試験に出題された問題に当てはめてみましょう。

まずは、次の４つのことを覚えてください。

不動産の価格は、実勢価格以外に４つの公的な価格があります。それぞれ計算基準日が次のように決められています。

公示価格　　　　＝１月１日
路線価　　　　　＝１月１日
固定資産税評価額＝１月１日（３年に１度の見直し）
基準地標準価格　＝７月１日

では問題です。次の問いを正誤（〇×）で解答してください。

問題
　都道府県地価調査の基準地の標準価格は、３年ごとの基準年度の１月１日を価格判定の基準日としており、都道府県知事が評価決定している。

解答　×

この問題では、仮に、「3年ごと」「都道府県知事が評価決定」という文章内容が全くわからなかったとしても、仲間外れである「基準地の標準価格＝7月1日」とだけ覚えていれば、解答を導き出すことができます。

このように、全体を「原則」と「例外」という側面から覚えることを普段から意識しておけば、例外の仲間外れが1つだけでなく、2つや3つになったとしても、十分対応することができます。

まずは、「原則」と「例外」に分けることから始め、仲間外れを探すことに着目しましょう。

⑨　グループ分けで片方だけ覚える

✍　グループ分けをする視点を持つ

早速ですが、問題です。

> 問1　A～Zまでのアルファベットのうち、次のアルファベットを覚えてください。
>
> ABDEGHIJKLMNOPQRSUVWXYZ

この問題をAとBとD……と全部を覚えられた人は、本書など全く必要ありません。（笑）
では、次のような問題であればどうでしょうか。

問2　A～Zまでのアルファベットを1グループと2グループの2つに分けます。1グループに分類されたアルファベットを覚えてください。
1グループ　A B D E G H I J K L M N O P Q R S U V W X Y Z
2グループ　C F T

このように出題された場合、ほとんどの方は、きっと2グループのみに着目し、1グループに属したアルファベットは覚えることはしないはずです。

✍真正面から暗記しようとはせずまずは問題の全体を見ることが大切

2グループのアルファベットさえ覚えてしまえば、1グループに分類されたものは覚えていなくても、2グループに属さないアルファベットを答えてしまえば正解してしまいます。
問1のアルファベットと問2の1グループのアルファベットは同じものです。問1は一見難しいように感じますが、問2は親切に1グループに属さない2グループが記述されているだけで、実は問1と問2との違いはほとんどありません。

問1をすばやく覚えることができた人は、実は頭の中で、親切に記述された問2のように、1グループと2グループにすばやく分離させています。そして、2グループのみを暗記し、あたかも1グループを覚えたように解答しているのです。

もし、ＡＢＤと順番に覚えようとした人は、注意が必要です。資格試験を短期で要領よく合格していくには、すべてを覚えようとせず、切り捨てるところは切り捨てなければいけません。

⑩　ゴロ合わせはやっぱり最強！

✍暗記は、ゴロ合わせがやっぱり最強！

ゴロ合わせと聞くと、あまりよいイメージを持たれていない受験者も多いのではないでしょうか。確かにいろいろな資格試験対策テキストを確認しても、ゴロ合わせを積極的に取り入れているテキストはあまり多くありません。

テキストを作成することができるほどの著者であれば、その分野に関し、相当な知識や学説的な考えも習得されていると思います。そのようなハイレベルな方たちにとっては、「きちんと理解してほしい」「優秀な人材になってほしい」と考え、優秀な資格者に成長してほしいと望んでいるのかもしれません。

このような専門家にしてみれば、試験に合格させるためのテキストを目的に作成したにもかかわらず、大した勉強もせず試験に合格してほしくないという、心の表れなのかもしれません。

しかし、本書の読者である「資格試験はただ合格すればいい」と考えている方々にとっては、そんなことは関係ありません。資格試験はただ受かればそれでいいのです。

どんなに優秀な高得点で合格しても、資格試験が終わってしまえば、短期間の勉強で覚えた知識などあっという間に忘れてしまいます。

知識は、資格試験が終了するときまで覚えていればそれでいいのです。

そういう意味では、ただ覚えるということだけを考えると、ゴロ合わせほど最強なものはありません。

著者は、どうしても覚えることができないとき、自分でゴロ合わせをつくって覚えます。テキストにゴロ合わせがある場合などは、まず、それを利用して覚えてしまうことをおすすめします。もし、覚えやすいゴロ合わせがなければ自分でつくってしまえばいいのです。

ゴロ合わせは自分でつくればいい

ＦＰの資格試験勉強中に、次のような知識を暗記しなくてはならないことがありました。

> 万が一、金融機関が破綻した場合には、預金保険制度により、預金者を保護する制度があります。そして同一の金融機関に複数の普通預金や定期預金などがある場合には、保護される優

先順位があります。
　この場合の保護される優先順位は、①担保が設定されていないもの、②満期が早いもの、満期が同じものが複数ある場合は③金利の低いもの、このような順番です。

暗記すべきポイントは、「この場合の保護される優先順位は」以下の箇所です。もちろん、テキストには、このことについてゴロ合わせは記載されていませんでした。

そこで、自分で次のゴロ合わせをつくりました。

「た・ま・きん」です。

①、②、③の担保・満期・金利という言葉から、「た・ま・きん」と考えました。下ネタのようなゴロ合わせですが、ＦＰの資格試験合格後、相当な期間が経過した今でも忘れていません。理解で覚えるより、遥かに記憶に残っているといえるでしょう。

それだけ、ゴロ合わせは最強だということです。

ただ、何でもかんでもゴロ合わせで覚えてしまえばいいというものではありません。ゴロ合わせばかりだと、大量なゴロ合わせを覚えなくてはいけません。それでは覚えることばかり増えてしまい意味がありません。

資格試験においては、理解で覚えることができるものに関しては理解で覚え、そうでないものはゴロ合わせなどを利用して手っ取り早く覚えてしまうことが最も効率がよい方法だといえるでしょう。

3　同じ問題を何度も繰り返す必要があるのか

✍何度も繰り返すことから逃げてはいけない

3回以上正解した問題は、もう見直す必要はないという話を耳にすることがあります。難易度の低い資格試験を除いては、これは大きな間違いです。そのように考える受験者は自分の記憶力を過信し過ぎです。

この大きな間違いの理由は、大きく分けて次の2つです。

1つ目は、人間の記憶は、それほど長続きするものではなく、「もう完璧！」と絶対に自信を持った問題でさえ、1か月もすれば忘れてしまうケースのほうが圧倒的に多いのです。

これはエビングハウスの忘却曲線でも明らかですが、人間の記憶など、1か月もすれば80％も忘れてしまいます。

たとえ3回連続正解した問題でも、間隔を開け、定期的に復習する記憶のメンテナンスが必要です。3回連続正解したのであれば、4回転目、5回転目の学習でその問題は飛ばしたとしても、6回転目で再度復習するなど、定期的に復習することを忘れてはいけません。

２つ目は、試験直前期に、試験範囲の全体を見直すことが必要不可欠です。膨大な試験範囲を短期間で一気に見直すためには、今まで学習した問題集を高速で１回転させる速読が必要になります。

高速で１回転させる速読法ができるようになるためには、同じ問題を何度も何度も繰り返し、問題と解説が瞬時に頭の中に思い浮かぶようになる必要があるのです。

このレベルに到達するには、たった数回の問題集の回転だけではできるようになりません。逆に言うと、速読ができるようになるまで、同じ問題でも、何度も繰り返すことは絶対に必要だということなのです。

4　過去問は何％できるようになれば卒業？

過去問に卒業などあり得ない

「過去問はもう卒業した」と豪語する受験者はたくさんいます。

では、過去問を卒業することができるようになるには、どれくらいのレベルに到達すればよいのでしょうか。

そもそも、過去問は、何度も何度も繰り返し学習するメイン教材です。その何度も繰り返し学習している過去問の正答率は、100％が当然です。何度も繰り返している問題で80％や90％では全然話になりません。

そのようなレベルでは、本試験の初見の問題では、正答率は大きく低下してしまいます。

そして、過去問が100％の正答率に仕上がったとしても、過去問を卒業することは絶対にありません。

詳しくは次項で説明しますが、何度も繰り返し学習したメイン教材である過去問を使い、速読を使った最後の仕上げをしなければなりません。資格試験は、「過去問に始まり過去問で終わる」のです。

5　試験直前期に絶対必要！　速読ができる基本書をつくる

✍速読は繰り返せば誰でもできるようになる

これまで、暗記がどれだけ資格試験に合格するために重要であるかを説明してきました。しかし、せっかく一生懸命覚えた知識も、試験当日に思い出すことができなければ、これまでの苦労が水の泡です。

エビングハウスの忘却曲線でも解説しましたが、当然、試験直前に確認した知識のほうが、本試験で思い出すことができる確率が高くなります。
しかし、試験直前に膨大な試験範囲を一気に見直すことは、容易なことではありません。そこで有効になってくるのが、速読法なのです。

✍速読できる基本書は過去問

本書をお読みいただいた受験者の皆さまは、暗記の繰り返しの重要さは既におわかりいただけたと思います。きっと試験直前期には、何度も繰り返した問題集を、高速で1回転させることができるようになっています。

試験直前に、基本書となる問題集を高速で1回転させることで、今まで学習した範囲を一気に復習して思い出し、これまで覚えた知識を試験会場まで運んでいくことができます。

せっかく覚えた知識でも本試験直前に忘れてしまえばまったく意味がありません。

このためにも、試験の全範囲を高速で1回転させることができる基本書（問題集）をつくっておくことが、絶対に必要なのです。

では、その速読ができる基本書を何でつくる必要があるのか、決めなければなりません。その答えは、やはり過去問なのです。

過去問は、資格試験で最も重要で、最も繰り返し学習した最強の基本書です。

新たに、速読用の基本書をつくる必要はなく、これまで繰り返し学習した過去問題集で十分です。

6　合否を分ける！　暗記のための市販教材選び

選択❶　過去問題集は見開きが絶対

効率よく暗記をするためのツールとして、問題集選びはとても重要になります。この問題集選びを間違うと、合格から遠ざかってしまうといっても過言ではありません。

資格試験は、暗記がすべてであり、暗記をするには繰り返し学習することが最も重要です。この繰り返す作業を効率よく行うには、問題集が見開き構成になっていることが絶対条件となります。

見開き構成とは、左ページに問題、右ページに解答・解説が収録されているものです。左ページに問題があれば、問題文を読んだその直後に、すぐ右側にある解答・解説を確認することができます。

問題ページの裏面や、巻末にまとめて解答・解説が収録されている問題集は好ましくありません。問題集は、何度も繰り返し学習して暗記をしていくツールですので、問題ページの裏面や巻末に解答・解説があるものは、問題文を読んだ後にページをめくり、解答・解説ページが掲載されているページを確認する必要があり、ムダな時間を費やします。

特に、巻末に解答・解説がある問題集は最悪です。このタイプの問題集を使うと、ある程度まとめて問題を先に解き、後で答え合わせをするはめにもなります。

答え合わせをするときには、既に問題文の内容を忘れてしまい、再度問題文を読み直さなければいけません。

模擬試験問題集などを除いては、このような問題集は絶対に避けるようにしましょう。

選択❷　選ぶのは「分野別過去問題集」と「年度別過去問題集」のどっち？

過去問題集には、「分野別過去問題集」と「年度別過去問題集」というものがあります。短期合格を目指すのであれば、必ず「分野別過去問題集」を選ぶ必要があります。

暗記をする上で、問題集を繰り返し学習することは前述でも述べましたが、暗記を行うタイミングという意味でも、分野別過去問題集を使ったほうが圧倒的に有利になります。

エビングハウスの忘却曲線でも説明したとおり、暗記は繰り返すタイミングが最も重要です。分野別過去問題集では、過去に出題された問題を分野別に集めて収録されています。

効率よく暗記するには、短い期間になるべく多くの同じ問題や同じ分野の問題に触れた方が効率が良くなります。

一方で、年度別問題集では、短い間隔で同じ分野の問題に触れる回数が少なくなり、記憶の定着が弱くなってしまいます。

宅建試験の場合、１回の試験で50問の出題があります。過去10年分の試験問題を学習する計画を立てた場合、50問×10年分で５００問です。

これを10日かけて学習する場合、１日に50問消化する計算です。これを年度別過去問題集で学習した場合、最初の第1問とほぼ同じ分野に触れるのは、最初に学習した日から11日目ということになってしまいます。この繰り返しのタイミングでは、暗記の方法としては非効率と言わざるを得ません。

この点、分野別過去問題集では、分野ごとにまとめて掲載されているため、最初の第1問と同じ分野を集中的に学習することができるため、記憶の定着にもつながります。

選択❸　できるだけ詳しい解説の問題集を選ぶ（解説は周辺知識の宝庫）

次は、問題集の解答・解説部分についての説明です。

本書を使った暗記の方法では、インプットもアウトプットも見開き構成の問題集を使い学習していきます。

そのため、左ページの問題文を読んだ直後に右側の解説部分も読むことになります。その解説部分によりインプットを行いますが、そのときに解説部分が詳細に記載されていることが必要不可欠になります。

解答が正しい場合に、その解説欄に「〇」としか記載されていない問題集も多く存在しますが、

【図表 10　問題集は問と答えが見開きですべてに解説つきのものを選ぶ】

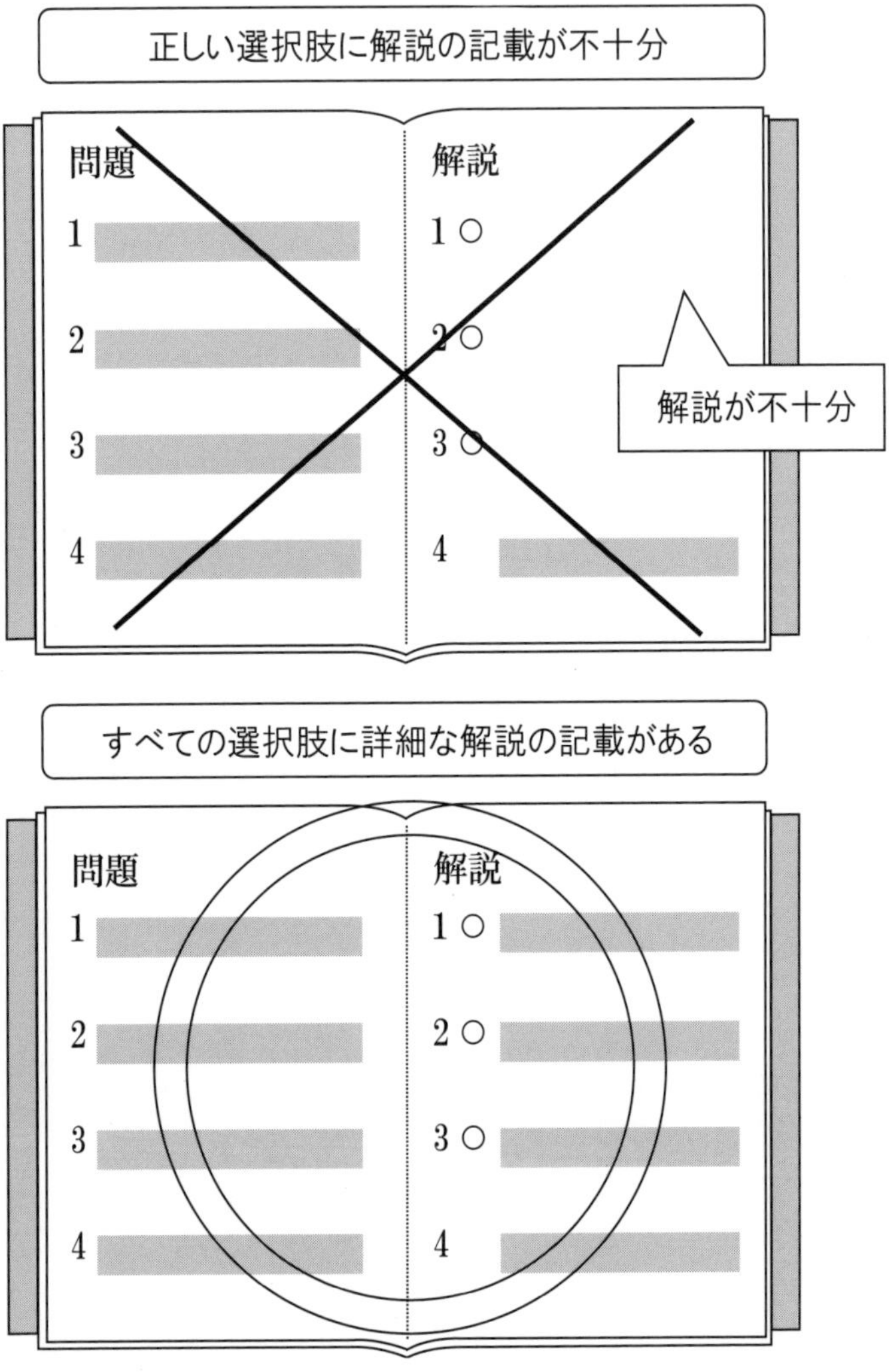

この形式を採用している問題集は絶対に避けるべきです。

正しい問題の解答にも詳しい解説が記載されていれば、まず問題文を正しい選択肢の場合には、正しい内容として暗記をし、解説分を読むことで、もう1度正しい内容として読み返すことになり、繰り返しの効果が高くなります。

また、解説部分が詳細な問題集は、その問題の解説だけではなく、その問題の周辺知識や対比される知識などが多く収録されています。

問題集を選ぶ際には、すべての選択肢に詳細な解説が記載されているものを必ず選んでください。

選択❹　選ぶのは「薄いテキスト」と「分厚いテキスト」どっち？

次は、テキスト選びです。第5章の2で詳しく解説していますので、ここでは基本的な考え方について説明します。

本書をお読みの受験者のほとんどが、独学での学習だと思います。そうなると、テキスト選びも、書店で実際に手に取り、探して購入することになるでしょう。しかし、書店には、各出版社から膨大なテキストが販売され、どのテキストを購入すればいいのか非常に悩んでしまいます。

経験上、テキスト選びに迷ってしまった場合の優先順位を紹介すると、次のとおりです。

・**優先順位１**　当該テキストの姉妹書として、学習の順番の並びが同一の問題集が販売されていること。（問題集にテキストの参照ページの記載があればさらにベター）

・優先順位２　説明が文章だけでなく、図解・図表・イラストなどが多数掲載され、視覚的に暗記できるように工夫されている。

・優先順位３　できるだけ分量の多い（分厚い）テキストを選ぶ。

分厚いテキストを選択する理由は、勉強法にあります。本書での勉強法は、テキストを中心とした学習でなく、問題集を中心とした勉強法です。

基本は、インプットもアウトプットも問題集から行うことになるため、テキストは辞書や参照用として使います。

テキストの読み込み学習は基本的に行わないため、テキストはできるだけ多くの説明や解説が掲載されているほうが好ましいのです。

調べたいときに、薄いテキストだと、その内容が掲載されていない場合も多く、他のテキストやネット等で調べる手間もかかるうえ、テキスト以外の資料も増えてしまうことにもなってしまいます。

筆者の場合、難易度の低い～普通程度の資格試験（宅建、管理業務主任者、ＦＰ２級等）では、テキスト自体をほとんど使用せず、参照程度にしか使いませんでしたが、それでも調べたいときにすぐに確認できないようなテキストでは、手元にあったとしてもあまり意味をなさないのです。

テキストは、辞書や参照用として使い、読み込み作業を行う必要はありません。詳細な説明や解説が掲載されている分厚いものを選ぶのが正解です！

✍教材選びに失敗したときはどうする？

十分に吟味した上で選んだはずの教材でも、実際に使ってみると、説明がわかりにくく、掲載内容が不十分であったりと、教材選びに失敗してしまうこともあります。

そんなとき、そのまま使い続けるか、買い直すのか、どちらがいいのか判断に迷ってしまう場合があります。このようなときは、なるべく早く決断し、迷わず買い直すことをおすすめします。

筆者の経験上、そのような教材をそのまま使い続けても、途中から使いやすくなることは、まずあり得ません。機械や道具などの物理的な物であれば、いわゆる慣れの問題で解決できることはあっても、資格試験の教材に限っては、慣れで解決することはほとんどありません。仮に慣れたとしても、そのために多くの時間を費やしては、既に手遅れとなっているかもしれません。

もちろん、本試験までの残り期間の関係もありますが、このようなことにならないためにも、教材選びに失敗したときには、躊躇なく別の教材に切り替えなければならないのです。

また、初めて挑戦する試験の教材は、必ず最新のものを使うことが、教材選びに失敗しない理由の１つでもあります。法改正などにより、テキストや問題集が最新のものでないと試験に対応できていないことはもちろんですが、「本当にこの内容で正しいのか」と疑いが残るような教材では、その教材と本試験まで一緒に心中する気持ちが薄らいでしまいかねません。

２回目以降の挑戦の場合は、今まで自分でつくり上げたオリジナル教材を変更する必要はありません。法改正などの対応部分だけ、自分でチェックすれば十分です。

コラム３　資格専門学校の罠　資格試験は専門学校か独学か

資格試験の挑戦を考えたとき、専門学校を利用して勉強するか、もしくは独学で勉強するのか、非常に悩ましい問題です。

筆者は、社会人など、時間に余裕のない人ほど、独学での勉強をおすすめします。

元々、このような時間に余裕のない人は、専門学校から提供される膨大な教材を消化すること自体に無理が生じてしまいます。仮に、一通り消化することができたとしても、反復学習することができなければ、十分な知識を身につけることはできません。

それより、自分自身で厳選した少ない教材を独学で何度も反復し、確実な知識を身につけたほうが資格試験の合格への近道なのです。

ある専門学校の宅建試験講座では、基本講義だけで１００時間以上もあります。これは、毎日２時間の講義を受けたとしても、すべての講義を消化するのに2か月近くの期間を費やします。

勘違いしてはいけないのは、講義はテキストをわかりやすく解説しているだけで、講義を聞いても、本試験の問題が解けるようになるわけではありません。問題は、問題を解くことで、解けるようになるのです。

筆者自身、宅建試験は約2か月半の勉強期間で合格していますが、もし、専門学校を利用していたら、十分な問題演習を行う余裕もなく、おそらく合格することは難しかったでしょう。

第4章

ここが違う！　受かる人のちょっとした技術

1　勉強を続けるコツ

「勉強を続けること」―もしかすると、このことが一番難しいのかもしれません。せっかく「正しい勉強法」を身につけたとしても、勉強を続けることができなければ、試験に合格することは限りなく難しくなります。

勉強を始めた当初は、「絶対に合格してやる」と意気込んでいたにもかかわらず、勉強を続けることを諦めてしまえば、本試験当日は、「記念受験」「途中で諦めたけどとりあえず受けに来た人」「勉強が思ったように進まなかった人」といった受験者になってしまうかもしれません。

では、いったい、試験当日に会場にいる受験者のどれくらいの人たちが、試験に合格できる可能性があるのでしょうか。

実際のデータを収集することは不可能なため、正確な統計を出すことはできません。しかし、非常に多くの方が合格ラインには到底届かないレベルのまま、受験しているはずだと自分に言い聞かせるようにしています。

このような考えを持つことだけでも、自分のモチベーションや勉強を続ける気持ちを高めることができるからです。

仮に合格率が15％と30％の資格試験があった場合、あなたはどちらの資格試験を受験するでしょうか。合格後の効果が同じであれば、迷わず後者を選ぶことでしょう。

合格率15％の場合、１００人受験すれば合格者はたった15人。不合格者は、85人にも上ります。しかし、受験者の半数が合格ラインに到達していないと考えるようにすれば、50人中15人が合格となり、合格率30％の資格試験と考えることもできるのです。

このように考え方１つで受験のやる気も大きく変わってきます。特に、合格率の低い難関資格試験では、表面上の合格率に惑わされることなく、勝手に受験者数を減らすなどして、自分の都合のよい解釈に変えてしまいましょう。

そうすることで、少しでもやる気を上げ、勉強を続けることができる可能性を高めていく工夫が必要なのです。

コツ❶　中途半端で終わる連続ドラマ法

「早く続きが見たい！」―連続ドラマは、毎週このような場面で終了するように意図的に仕組まれています。これは「ツァイガルニック効果」と呼ばれる心理的テクニックを使い、次回まで視聴者を繋ぎ止めておく手法です。わざと中途半端な場面で終わらせることで、視聴者の興味を継続させる効果をつくり出しているのです。

資格試験は、毎日継続して勉強することが非常に重要で、勉強をしたりしなかったりでは、いつか途中で勉強を止めてしまいます。この状態に陥らないためにも、この「ツァイガルニック効果」

をうまく使い、勉強を続けることが必要です。

資格試験も連続ドラマと同じで、キリのいいところまでやらず、あと少しで終わるというわざと中途半端なところで終わりにして、次の日にすることをやり残しておくのです。あと少しで終わるという何とも気持ちの悪い状態にしておけば、その効果により翌日への学習意欲が継続されるのです。

特に、勉強嫌いの人にとっては、この方法は効果絶大です。勉強嫌いの筆者がこの手法を取り入れたことにより、毎日勉強を続けるという継続率が飛躍的に向上しました。

区切りのよい、完結させた状態で達成感を味わってしまうと、毎日が新しい再スタートとなってしまい、精神的負担が大きくなってしまいます。

あえて中途半端なところで終わりにして、「区切りのいいところまであと少し」という状態にして、きょうの勉強を終了しましょう。

コツ❷　明日の準備までがきょうの終わり

いつも都合よく「ツァイガルニック効果」を活用し、中途半端な状態で終わることができるとは限りません。どうしても区切りのよいところで終わったり、時間の都合で調整ができない日も当然あります。

そこで、このようなときのためにも、さらなる保険をかけておく必要があります。すごく簡単な方法ですが、勉強を終了するときには、必ず次に勉強する内容を決めてから勉強を終了させることです。

「さあ、今からやるぞ！」とやる気が出たときに、次にやることを決めておけば、すぐに勉強に取り掛かれるようになります。

一方で、次にやることを決めていなかった場合には、何から手をつければいいのかわからず、結局、だらだらと過ごしてしまい、時間だけが経過してしまう恐れが生じてしまいます。

筆者の場合、夜の勉強が終了するときには次の日の朝に勉強すること、朝の勉強が終了するときにはその日の夜に勉強する内容を決めておくようにしていました。

具体的には、次にやるべき問題集などのページを開いた状態で、机の上に置いたまま、いつでも勉強を始められるようにスタンバイしておくことです。鉛筆や消しゴム等もしまわずに、机の上に出したままにしておきます。

毎日勉強するときに次にやるべき内容を決め、目に見える状態にしておけば、いつでも続きからスタートを切ることができます。

コツ❸　不要な物は片づける

資格試験の勉強は、有料の自習室や図書館などでやるという受験者はたくさんいると思います。このような場所にわざわざ出向いていく理由は、その場所に行きさえすれば、他にやることがなくなり、嫌でも勉強するしかなくなるためです。

筆者も試験直前期の休日の内、週に1度は、図書館で朝から夕方まで缶詰状態で勉強していました。専業受験者の場合、毎日でもこのような場所に出向いて行けば、強制的に勉強することができる環境を簡単に手に入れることができます。

しかし、社会人受験者の場合は、このようにはいきません。限られた時間の中で勉強時間を確保せざるを得ず、わざわざ図書館に行く時間などもちろんありません。

【図表11　専用机の上は勉強関係だけ】

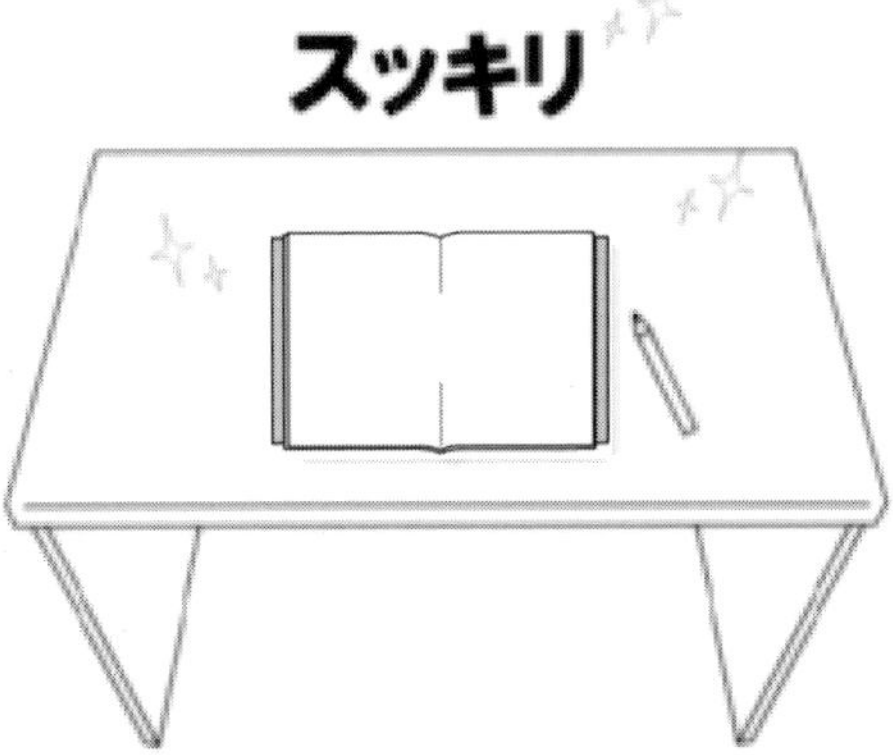

そこで、手っ取り早く、図書館と同じような学習環境に自宅内の一部を変えてしまいます。学習する部屋には、極力、勉強以外の物を置かないようにすればいいのです。

もし、専用の勉強部屋を設けることが難しいのであれば、とにかく部屋をきれいに片づけることです。

筆者の場合、ありがたいことに自宅内に自分の部屋がありましたので、専用の勉強机を新たに1つ設置して、その机の上には勉強に関係するもの以外一切置かないようにしました。平日は、こうすることで勉強に集中することができるようになりました。

コツ❹　どこでも勉強ができるようにする

「お父さん、買い物に連れていって！」―休日の家庭では、どこにでもあるような会話です。しかし、受験者にとってこの言葉は、悪魔の声にも聞こえてきそうです。ただでさえ遅れている勉強を貴重な休日で取り戻そうと計画していたにもかかわらず、休日も家族サービスをしていては、計画が台無しです。

しかし、受験者とはいえ、毎回そのような家族の誘いを断り、家族崩壊にでもなろうものなら本末転倒です。

そこで、筆者は、休日に家族の悪魔の誘いがあった場合には、極力、大型のショッピングモールへ出かけて行くことにしていました。その理由は、大型のショッピングモールであれば、どこでもコーヒーショップやフードコートなど、勉強しようと思えばすることができる場所があったからです。

最初は戸惑いましたが、慣れてくると、思った以上に集中できることに気がついたのです。静かな場所では小さな声でも気になりますが、常に雑音が聞こえている環境下では、そのような声は雑音にかき消されて気にならなくなるのです。

さらに思わぬ副産物がありました。ショッピングという短時間という制約の中での勉強は、わずかな時間しか勉強できないという締め切り効果が重なり、思ったた以上に集中力を発揮できたのです。

ただし、ここで注意してほしいのは、音楽等を聞きながらの学習は止めてください。ショッピングモールなどの雑音は規則性がなく、意識がそこに集中することはありませんが、音楽等の場合は意識がそこに集中してしまい、学習効率が落ちてしまいます。音楽を聴きながらの学習は、効率が上がるという学説あるようですが、これはほとんどの人には当てはまりません。人間は、2つのことより1つのことに集中しているほうが、作業効率は間違いなく上がります。

このように、雑音の中での締め切り効果による勉強ができるようになれば、あらゆる場面で、周囲に影響されることなく勉強ができるようになります。持ち歩き学習用に常に1冊準備しておけば、通勤中の電車やバスの中、飲食店の待ち時間など、どこでも勉強することができます。探してみると、意外に勉強時間はあるものです。

どんな資格試験でも、最低限の勉強時間は必要です。3か月で必要な勉強時間をだらだらと消化するより、1か月でその勉強時間を消化したほうが記憶も鮮明に残り合格に近づきます。同じ勉強量であれば、長期間より短期間のほうが圧倒的に有利なのです。

驚くべき短期間で合格する資格試験の猛者たちは、実は、同じ勉強量なら、長期間より短期間で消化したほうが有利だということを知っています。短期間のほうが、当然、効率がよくなりますので、長期間より短期間のほうが勉強時間も少なく済むのです。

このように、どこでも勉強することができるようになれば、短期間で一発合格する現実味を帯びてきます。

コツ❺　「5分だけやる」がなぜか止められない

「嫌々始めた部屋の掃除なのに、気がついたらすっかりきれいに…」という経験はありませんか。これは「作業興奮」といい、心理学者のクレペリンが見出した考え方です。

作業興奮とは、嫌なことでもとりあえず始めてしまえば、だんだんと集中力が高まっていくという現象です。

この現象は、脳の「側坐核」という場所が刺激されることにより起こります。側坐核を刺激するには、手足や脳を動かし、実際に行動することです。つまり、「やる気」がなくても、1度始めてしまえば、どんどん「やる気」は出てくるということです。

5分、10分なら誰でも勉強できます。やる気の出ないときは、「5分だけやる」と気軽な気持ちで実際に行動してみてください。気がつくと、意外に集中して勉強しているものです。

【図表12　作業興奮の仕組み】

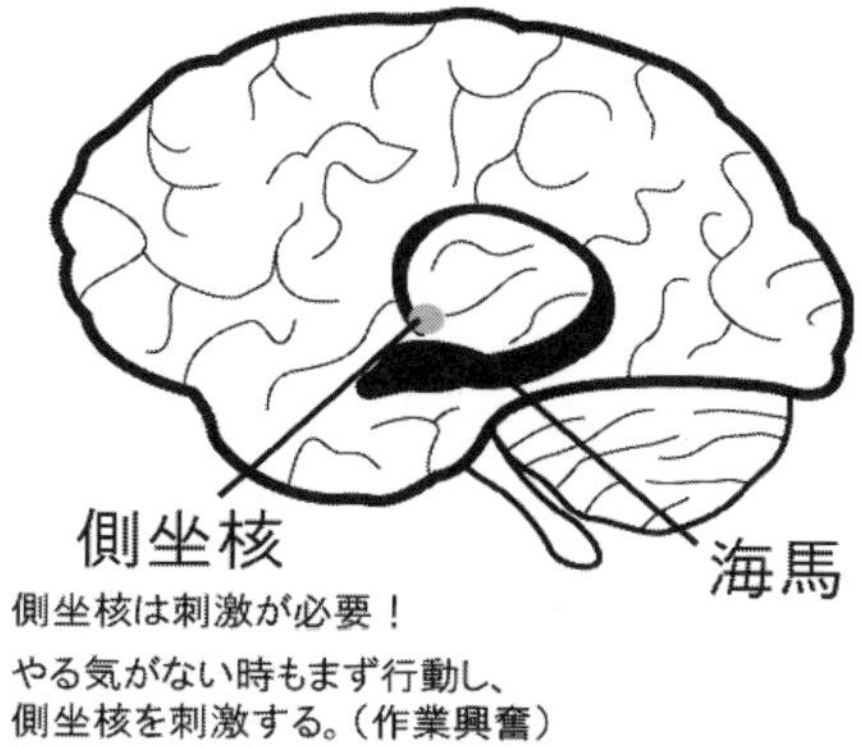
側坐核
海馬
側坐核は刺激が必要！
やる気がない時もまず行動し、
側坐核を刺激する。（作業興奮）

コツ❻　わからない問題はさっさと飛ばす

学習を進めると、どうしても難問・奇問等に遭遇します。「きょうは絶対に50問やる！」と、せっかく計画を立てたとしても、そんな難問・奇問にまともに付き合っていては、なかなか先に進めなくなってしまいます。

それでは、次の2人のうち、どちらが資格試験の合格に近いのか考えてみてください。

- 毎日、3時間休みなく勉強したAさん
- 毎日、2時間勉強し、途中10分休憩したBさん

おそらく義務教育においては、Aさんのほうが評価だけは高いでしょう。しかし、資格試験においては、これだけの情報では、どちらがよいのか判断できません。

では、次のケースではどうでしょうか。

- 3時間休みなく勉強したAさんは、難問1門を含め合計10問解けるようになった。
- 2時間勉強し、途中10分休憩したBさんは、難問1門を除き合計30問解けるようになった。

この場合、資格試験においては、間違いなくBさんのほうが短期合格することができます。Aさんは、難問に必要以上の時間を取られ、その難問は解けるようになりましたが、合計10問しか学習できていません。Bさんは、難問などさっさと見切りをつけて飛ばしてしまい、どんどん先に進め、

合計30問も学習したのです。

このように勉強した時間だけで比べると、どちらの勉強法が正しいのか判断することができませんが、一転、勉強内容で比べると、明らかにBさんのほうが資格試験合格に近づいていると判断できます。

勉強をやったかどうかの評価においては、Aさんのほうが高いかもしれません。しかし、資格試験においては、合格しなければ全く意味を成しません。「こんなに勉強した」という達成感だけの錯覚を味わっても仕方ないのです。

営業に例えれば、いつも一生懸命営業に駆けずり回り頑張っているAさんは、そのときだけはよい評価をされるかもしれません。しかし、いつまで経っても成果が出なければ、いくら頑張っても全然成績を上げない営業マンだと逆に悪いほうに評価され、営業として適性がないと判断されても仕方ないのです。

一方で、毎日、定時で帰宅しているBさんは、いつ仕事をしているのだろうと周りから不思議に思われています。でも、何故か営業成績はいつもトップです。会社としては、いつも一生懸命頑張っているAさんより、毎日定時で帰宅するBさんによい評価を与えるのです。

資格試験においても、さっさと短期間で合格したほうが、評価は高いのです。

まじめな受験者ほど、難問・奇問に必要以上に時間を取られ、足踏みしてしまう傾向があるように思います。出題されるか否かわからない難問・奇問などに遭遇した場合、そこに付箋でも貼って、さっさと飛ばしてしまい、理解できる問題からどんどん先に進めていくべきです。

そのような問題は、後から、時間があるときにでも再検討すれば、意外と簡単に理解ができたりするものです。

難問・奇問は後回しにしてどんどん先に進みましょう。

コツ❼　スケジュールのつくり方・必ず勉強する時間帯をつくる

「全然時間がなかった」――資格試験に失敗した受験者の大半の言い訳は、このような理由です。この言い訳は、果して本当に正しいのでしょうか。

筆者の場合、受験を始めた当初、1日の大半を次のように過ごしていました。

まず、1日の始まりは、子供を保育園に登園させるため、朝8時過ぎに自宅を出発していました。子供を保育園に預けた後、そのまま仕事に就き、1日の業務を終え、夜8時から10時ぐらいの間に帰宅します。したがって、勉強する時間帯の中心は、当然、帰宅後になります。

早く帰宅することができた日は2時間ほど、遅く帰宅した日でもなるべく1時間ぐらいは勉強していましたが、全く勉強ができない日も当然ありました。

この勉強量でも合格できる簡単な資格試験もありますが、難関試験となると、これでは流石に厳しいと言わざるを得ません。

そこで始めたのが、早朝に勉強時間を確保する方法です。

夜の時間帯だけを勉強に充てる時間として確保した場合、帰宅時間が遅くなってしまうと、どうしても全く勉強することができない日が発生してしまいます。

勉強をやったりやらなかったりでは、「きょうは勉強できなかったのでまた明日にでも勉強しよう」という甘えが生じてしまい、結局、勉強することを途中で放棄してしまうかもしれません。

この悪循環を避けるためには、きょうのやるべきノルマを早朝に済ませてしまうことです。そうすれば、全く勉強ができなかった日を少なくともなくすことができ、夜の帰宅後も予定どおり勉強することができればいうことありません。

もし、早朝の1時間を勉強のために確保して、夜に2時間を追加で勉強することができれば合計3時間、朝の2時間を勉強に充てるのであれば、合計4時間を勉強時間として確保することができます。

このように、1日の中で必ず勉強できる時間帯を少しでも確保してしまえば、少なくとも、全く勉強することのない日を回避することができます。

早朝の時間帯の確保が難しいのであれば、往復の通勤時間の30分×2＝1時間、昼休みの1時間など、別の時間帯でももちろんかまいません。

無理やりでも、決まった勉強時間帯を少しでも確保し、継続することができれば、自然に勉強が習慣化されてくるのです。

少なくとも、1日のどこかで必ず勉強する時間帯を確保し、勉強を習慣化させることが大切です。

2　トイレは有効に使え！「受験のトイレの神様」

✍トイレは暗記する絶好の場所

少し前になりますが、「トイレの神様」というヒット曲が生まれました。この歌は、「トイレを毎日キレイにしていたら女神様みたいにべっぴんになれる」と、おばあちゃんが実際に言っていたことを歌詞にしたそうです。

資格試験においての「トイレの神様」は、「毎日トイレで勉強すれば試験に合格できる」ということだと思います。筆者の周りにも、難関試験を合格した受験者が、「トイレで勉強していた」という話をたくさん耳にします。「トイレで勉強したから合格した」とまではいえませんが、トイレで勉強する受験者が難関試験にたくさん合格しているというのは本当です。

では、トイレで勉強する受験者は、なぜ資格試験に合格するのでしょう。いくつかの要因が考えられますが、その1つに、トイレで勉強する受験者は、勉強が習慣化していることです。

勉強が習慣化されてくると、勉強することが当たり前となり、何もせず、ボケ～としている時間帯が非常にもったいなくなってきます。トイレがそのもったいない時間帯なのです。かといって、トイレに行かないわけにはいきませんし、トイレは何度も何度も繰り返し行く場所です。

【図表13　トイレは暗記に最適】

記憶の定着に寄与する

暗記をするには繰り返しが重要だと何度も申し上げてきましたが、トイレを勉強する場所にしてしまえば、嫌でもトイレに行く度に勉強することが強制的に行われます。

筆者の場合、トイレの壁に図表や一覧表などを貼りつけたり、暗記用の本を1冊置いて、トイレを暗記する場所にしていました。また、机で問題を解いている最中にトイレに行きたくなれば、そのまま勉強している問題集をトイレまで持っていき、トイレの中でも問題を解き続けました。

さらに、暗記というのは、勉強の始めと終わりなど、区切りがあるところのが記憶の定着率が高くなります。

例えば、旅行に出かけ色々な観光地に行ったが、途中に立ち寄った場所は中々思い出すことができなくても、最初と最後に観光した区切りの場所などはよく覚えているものです。

そういった意味でも、机からトイレに場所を変えるという行為が、うまい具合によい区切りとなり、記憶の定着に寄与することになるのです。

トイレに限らず、ドアや寝室の壁など、繰り返し目に触れる場所などに暗記したいものを貼り付けるなどして、強制的に繰り返し目につくように工夫すればいいのです。

「トイレの神様」を味方につけて合格を勝ち取りましょう。

3　効率的学習には一元化が必須　時間短縮法

✍1度でも調べたら必ずページ番号を書く

資格試験に短期間で合格するには、効率的に学習することが重要です。

そこで、効率的学習をするための情報の一元化を紹介したいと思います。

情報の一元化というと、まとめノートづくりを思い浮かべる方が多いのではないでしょうか。第2章のやってはいけない勉強法で紹介したとおり、まとめノートづくりの作業が非効率であることは説明しましたが、資格試験においての情報の一元化とは、「学習した教材の横断を短時間で行う」ということです。

最も簡単で、一元化と時間短縮に効果的な方法として、問題集などの解説ページに参照したテキストの該当ページ番号を記載する方法です。

例えば、過去問題を解いているときに、テキストを参照した際には、その問題集の解説部分に参照したテキストの該当ページ番号を記載しておきます。

また、参照したテキストにも、問題集の該当ページを記載しておきます。1度でもテキストを参照したときには、必ず該当ページ番号を記載する癖をつけておくのです。

問題集は、何度も繰り返して学習しますので、2回目以降に学習する際に参照するページの記載があれば、あっという間に以前に調べたページを探すことができ、時間短縮に大きく貢献します。「あれっ、この説明はどこに載っていたかな？」と探す時間はムダであり、学習のリズムさえも崩し、ストレスも感じてしまいます。

また、比較したほうが覚えやすい問題などがある場合には、その比較する問題ページ番号を記載することも、情報の一元化の1つです。

関連がある項目には、情報の一元化のために、どんどんページ番号を記載していきます。

まとめノートはつくらずテキストにどんどん書き込む

テキストにも問題集の該当ページ番号を記載することは当然ですが、学習した上で気づいた点、補記したいこと、図表の追加などもテキストにどんどん書き込みしていきます。

また、ゴロ合わせなども追加して書き込みしてください。

テキストにも書き込みすることで、情報の一元化を図るのです。こうすることで、まとめノートづくりやサブノートなどは全く必要なくなります。

4　模試は必ず受ける

✍模試で自分の立ち位置を知る

人気のある試験や難易度の高い試験になると、各専門学校で全国公開模試などが必ず行われます。簡単な資格試験を除いては、必ずその模試を受けるようにしてください。

専門学校で行われる全国公開模試などであれば、本試験と同様の時間帯で開催される形式が多く、時間配分、問題を解く順番などの確認をすることができ、より本番に近い緊張感も味わうことができます。

さらに、全国順位などの公表により、自分がいったいどのくらいの順位にいるのかも確認できます。問題の相性や得意不得意分野などは、受験者それぞれが違います。公開模試でそのことを確認することができれば、本試験であらかじめ決めていた問題を解く順番や時間配分で、本試験に挑むことができます。

特に、時間が足りなくなることが想定される資格試験では、この事前準備が合否に影響するといっても過言ではありません。

筆者の場合、行政書士試験がまさにそうでした。市販模試も含め合計８回ほどの模試を受けましたが、最初に専門学校で受けた公開模試では合格点にはほど遠く、全国順位を見ても到底合格レベルに達していないことが明らかでした。

もし、公開模試を受けていなければ、自分が合格レベルに達していないことすら気づいていなかったかもしれません。また、問題を解く順番を試行錯誤して変更することにより、本試験でもギリギリ時間内で全問解答することができたのです。

専門学校などで公開模試が開催される資格試験は、模試を受けることが重要な試験だと判断し、積極的に公開模試を受けてください。独学で資格試験に挑戦するにしても、模試に限っては、専門学校を利用すべきです。

5　試験前日はゆっくり休むはウソ！

✍休むのは試験が終わってから

「本試験の前日は、明日に備えゆっくり休んだほうがよい」―これは誤った情報であるにもかかわらず、中には専門学校の講師でさえ、このような間違ったアドバイスをする人もいるようです。

元々、直前に暗記をしたことが、より記憶に残っていることは、エビングハウスの忘却曲線でも

【図表14　試験前日も休まず頑張る】

明らかです。2日前より1日前、1日前より当日のほうが圧倒的に覚えていることが多く、試験前日や当日にも頭をフル稼働させて再度暗記したほうが、その暗記した内容を試験会場により多く持ち込むことができるのです。

　試験前日にゆっくり休んでしまっては、せっかく本試験当日に照準を合わせてフル稼働していた頭をクールダウンさせてしまいます。1度クールダウンさせた頭は、再稼働に時間がかかり、試験当日に覚えていた知識を十分に吐き出すことができなくなってしまいます。

　試験前日や当日は、できる限り頭をフル稼働させたその状態で、試験会場へ乗り込むべきです。

6　試験直前は必ず試験範囲を1周する

✍試験直前の最後の難関は試験範囲を1周すること

前述の説明のとおり、直前に暗記したことのほうが記憶に鮮明に残っています。それなら、「試験直前に試験範囲をすべて暗記すればいいじゃないか」と言いたいところですが、よっぽど簡単な資格試験でもない限り、そんな直前期だけですべてを暗記できるほど、人間は記憶力を持ち合わせていません。

だからこそ、何か月も前から準備に準備を重ねて、前もって暗記をすることが重要なのです。それでも、完璧に覚えたつもり知識が、本試験で思い出すことができずに、残念な結果に終わる受験者のほうが圧倒的に多いのです。

【図表15　行政書士試験の直前1週間で見直した教材】

では、いったいどうすれば、本試験で本来の実力を発揮することができるのでしょうか。それは、「試験直前に試験範囲を必ず1周する」ということです。そうすれば、うっかり忘れていた内容でも、試験直前に見直すことで再度思い出すことができ、覚えた知識を本試験で有効に使うことができます。

しかし、難関試験の場合、試験範囲が膨大に上り、試験直前期に試験範囲を1周するということは、かなり厳しいという現実があります。

そこで、第3章の「3　同じ問題を何度も繰り返す必要があるのか」「5　試験直前期に絶対必要！速読ができる基本書をつくる」でも解説した方法が威力を発揮します。

同じ問題を徹底的に繰り返し速読ができる基本書をつくりあ

げることさえしておけば、膨大な試験範囲を直前期に1周させることが可能なのです。

行政書士試験のときは、過去問題だけで１５００ページ、模擬試験8回分、予想問題集、記述式問題集2冊を、本試験の直前1週間で、この内容のほぼ全部を速読を使い見直しました。これが実践できれば、「あっ、あんなに覚えていたのに忘れた」ということを、最小限に食い止めることができるようになるのです。

同じ実力の持ち主でも、多くの受験者は、膨大な試験範囲を試験直前期に見直すことができず、せっかく覚えた知識を忘れていることに気づかないまま受験会場にやってきます。

対して、試験直前に全範囲を見直すことができた受験者は、たったこれだけの違いで合格を勝ち取っていくのです。

どんなに完璧に覚えたつもりでも、人間は忘れる生き物です。「もう完璧に覚えたから大丈夫」などと自分を過信せず、本試験直前に必ず試験範囲を1周することが必要です。

7　本番であと1点を稼ぐ裏技テクニック

✍どんな方法で正解しても同じ1点に違いはない

「あと1点あれば合格していた」―こんなに悔しいことはありません。特に、受験期間が数年に及ぶ難関試験でこのような思いは絶対に味わいたくありません。たった1点のために、また1年間もの間、同じ受験勉強を強いられるのです。

そんな悔しい思いをしないためにも、本試験で筆者が実践した裏技テクニックを紹介したいと思います。

「最後の2択で迷ったけど、カンが外れてしまった」―この言い訳を不合格になった受験者がよく口にします。資格試験は、「合格」か「不合格」のどちらかです。ぴったり合格点でも、高得点でも、同じ「合格」に違いはありませんが、合格点に1点でも足りなければ、合格者との差がたった1点にもかかわらず不合格となってしまうのです。

ぴったり合格点で合格した受験者と、1点足りずに不合格となった受験者の点数は、たった1点です。この２者の実力は、大した差などないにもかかわらず、このたった1点のために「合格」と「不合格」という大きな差が生じてしまいします。

実は、合格を勝ち取った受験者の中でも、完璧に自信を持って解答した問題だけで合格点を超えている受験者はそれほどいません。特に、択1試験では、最後の2択で迷った問題がたくさんあり、「何となく選んだ解答が運よく正解して合格した」ということが非常に多いのです。

そこで、これから紹介する裏技テクニックを知っているかどうかで、資格試験の合格率が大きく変わるといっても過言ではありません。筆者自身、この裏技テクニックで最後の２択で迷った問題や、未知の問題に遭遇した場合の正答率が大きく向上しました。

この裏技テクニックは、あくまで合格レベルに達してこそ威力を発揮します。裏技テクニックだけで合格できるほど、資格試験は甘いものではないことに注意が必要です。

テクニック1　最初の直感を信じることが王道

「最初に選んでいた解答を書き換えたら、実は最初に選んでいた解答が正解だった」―このような話をよく耳にします。これには、明確な理由があり、実は、たまたま書き換えたら間違ったというわけではないのです。

試験勉強にどっぷり浸かっていると、これまでの勉強の成果で、直感により、無意識に正解や不正解を判別して選んでいるのです。

択1試験では、選択肢を読み、正しい選択肢なのか、間違っている選択肢なのかを判別していきますが、基本はすべて間違い探しです。

正しい選択肢を選べという問題でも、間違いの選択肢をすべて見つけることができれば、残った問題が解答の選択肢となります。たとえこの残った選択肢の正誤の判断がつかなくても、それが解答になります。

一方で、間違いの選択肢を選ぶ問題の場合、間違いの選択肢を1つ見つければ、それが解答になります。つまり、常に間違いを探すことができれば、解答を導きだせるということです。

資格試験の性質上、一見正しいように見せた文章を作り、実は若干語句などを変更して誤りの選択肢にしてあるというケースが非常に多くあります。そして、その正しいとされる文章を読んだときに、今まで覚えてきた文章や目にしたことがある文章と少しでも違うと無意識に違和感を感じ取っているのです。

筆者の経験上、この違和感を無意識に感じ取ることができるのは、最初の直感だけです。最初の直感以降は、頭が思考状態に入ります。1度思考状態に入った後に導き出した答えは、それは既に直感ではなくなります。

もちろん、思考状態に入り、熟考の末、根拠のある解答を導き出せれば、選んだ解答を変更することは一向にかまいません。しかし、多くの場合は、本試験の緊張した中で1度迷いが生じた問題は、熟考しても解答を導き出せないことがほとんどなのです。

迷った場合は、最初に選んだ解答が正解である可能性が非常に高いといえます。

テクニック2　最後の2択で迷ったらどうする？

せっかく最後の2択まで絞り込むことができたのに、どうしても最終的にどちらを選択すればいいのかわからない問題が必ずあります。このような場合、いったいどうしたらよいのでしょうか。

資格試験の多くは、複数人で本試験の問題作成が行われます。そして、少しでも良問を作成しようと、出題者は時間をかけ、試行錯誤してつくり上げているのです。

もし、5肢択1試験で明らかに選択肢1が正解とした場合、多くの時間を費やして作問したにもかかわらず、選択肢2～5は、問題文さえ読んでもらえない可能性があります。こういった事態を避けるには、どうしても正解の選択肢を後のほうにせざるを得ないのです。

そうすると確率的には、2択まで絞り込んだにもかかわらず、最終的にどちらの選択肢を選ぶか迷った場合には、後者を選んだほうが、正解の可能性が高くなるのです。

また、2択に限らず、複数の選択肢で迷った場合は後者を選びましょう。

テクニック3　全くわからない問題の対処法

本試験では、「全くわからない問題」が必ずといっていいほど数問出題されます。そのような問題は、他の受験者にとっても同じことで、合否に影響する可能性は少ないでしょう。

しかし、これらのすべての問題を全く捨て問にしてしまうのは非常にもったいないです。1、2問ならまだしも、10問もあれば、そのうち何問正解できるかどうかが、合否に影響を及ぼすといっても過言ではありません。

そうはいっても、「全くわからない問題」から解答を導き出すことは至難の業です。ただし、正答率を少なからず上げる方法が、実はあるのです。

例えば、マークシート5肢択1試験であれば、適当にマークしても、正答率は20％で、5問に1問は正解できます。これを10％でも上げることができれば、正答率は30％となり、5問に1・5問が正解できます。正解個数で考えると、前者は1問、後者は1・5問となり、その差は約1・5倍になります。10問あれば1問の差が生じるのです。

「あと1点あれば合格していた」と嘆いていた受験者の場合、ちょっとした裏技でテクニックを知っていれば、もしかすると合格していたかもしれないのです。

全くわからない問題の対処法❶　断定的表現に注意せよ

図表16の問題は、平成22年度宅建試験の問題です。この問題では、「判決文」を読み、選択肢の中から解答を選ぶ形式です。

実際に、この問題は、判例を知らなくても読解力だけで解答を導きだすことも十分可能です。しかし、選択肢の２の問題文をよく読むと、「～に限り」という断定的な例外を一切認めない表現が使われているのがわかります。このような例外を一切認めない表現は、かなりの可能性で誤りの選択肢です。

そして、この問題の正式解答はやはり選択肢２で、誤りの肢でした。法律には例外なしの１００％というのは限りなく少なく、迷ったときには迷わず誤りだと判断すべきです。

他にも、

「～することはない」
「必ず～である」
「常に～である」

【図表 16　断定的表現は「誤り」の選択肢の例】

【問　9】　契約の解除に関する次の1から4までの記述のうち、民法の規定及び下記判決文によれば、誤っているものはどれか。

（判決文）

同一当事者間の債権債務関係がその形式は甲契約及び乙契約といった2個以上の契約から成る場合であっても、それらの目的とするところが相互に密接に関連付けられていて、社会通念上、甲契約又は乙契約のいずれかが履行されるだけでは契約を締結した目的が全体としては達成されないと認められる場合には、甲契約上の債務の不履行を理由に、その債権者が法定解除権の行使として甲契約と併せて乙契約をも解除することができる。

1　同一当事者間で甲契約と乙契約がなされても、それらの契約の目的が相互に密接に関連付けられていないのであれば、甲契約上の債務の不履行を理由に甲契約と併せて乙契約をも解除できるわけではない。

2　同一当事者間で甲契約と乙契約がなされた場合、甲契約の債務が履行されることが乙契約の目的の達成に必須であると乙契約の契約書に表示されていたときに限り、甲契約上の債務の不履行を理由に甲契約と併せて乙契約をも解除することができる。

3　同一当事者間で甲契約と乙契約がなされ、それらの契約の目的が相互に密接に関連付けられていても、そもそも甲契約を解除することができないような付随的義務の不履行があるだけでは、乙契約も解除することはできない。

4　同一当事者間で甲契約（スポーツクラブ会員権契約）と同時に乙契約（リゾートマンションの区分所有権の売買契約）が締結された場合に、甲契約の内容たる屋内プールの完成及び供用に遅延があると、この履行遅延を理由として乙契約を民法第541条により解除できる場合がある。

「すべて〜である」

などの断定的な表現は、誤りの可能性が大となります。

逆に、

「〜することがある」

「〜できない場合がある」

などの例外を認める表現は、正しい選択肢の可能性が高いです。


肢4は、「〜場合がある」と典型的な例外を認めている表現が使われており、正しい選択肢となっています。これは、法律には、原則だけではなく、例外が当然あるといった場合のほうが圧倒的に多く、迷ったときには正しい選択肢と判断するとよいでしょう。

全くわからない問題の対処法❷　文末の表現を比べる

同じく、平成22年度の宅建試験の問題を使い、今度は文末の表現を比べて、解答の選択肢を絞っていく方法を紹介します。

図表17の問4の問題文をよく観察していただくと、選択肢1、2、3は「主張することができる」という同じ表現の言い回しで文末が終わっています。

対して、選択肢4は、「主張することができない」と、1つだけ文末の表現が違います。このような場合、仲間外れの選択肢4は、解答の選択肢になる可能性は低くなるのです。

【図表 17　文末表現が仲間外れは「誤り」の選択肢の例】

【問　4】　ＡがＢから甲土地を購入したところ、甲土地の所有者を名のるＣがＡに対して連絡してきた。この場合における次の記述のうち、民法の規定及び判例によれば、正しいものはどれか。

1　ＣもＢから甲土地を購入しており、その売買契約書の日付とＢＡ間の売買契約書の日付が同じである場合、登記がなくても、契約締結の時刻が早い方が所有権を主張することができる。

2　甲土地はＣからＢ、ＢからＡと売却されており、ＣＢ間の売買契約がＢの強迫により締結されたことを理由として取り消された場合には、ＢＡ間の売買契約締結の時期にかかわらず、Ｃは登記がなくてもＡに対して所有権を主張することができる。

3　Ｃが時効により甲土地の所有権を取得した旨主張している場合、取得時効の進行中にＢＡ間で売買契約及び所有権移転登記がなされ、その後に時効が完成しているときには、Ｃは登記がなくてもＡに対して所有権を主張することができる。

4　Ｃは債権者の追及を逃れるために売買契約の実態はないのに登記だけＢに移し、Ｂがそれに乗じてＡとの間で売買契約を締結した場合には、ＣＢ間の売買契約が存在しない以上、Ａは所有権を主張することができない。

【問　14】　不動産の登記事項証明書の交付の請求に関する次の記述のうち、誤っているものはどれか。

1　登記事項証明書の交付を請求する場合は、書面をもって作成された登記事項証明書の交付のほか、電磁的記録をもって作成された登記事項証明書の交付を請求することもできる。

2　登記事項証明書の交付を請求するに当たり、請求人は、利害関係を有することを明らかにする必要はない。

3　登記事項証明書の交付を請求する場合は、登記記録に記録されている事項の全部が記載されたもののほか、登記記録に記録されている事項のうち、現に効力を有するもののみが記載されたものを請求することもできる。

4　送付の方法による登記事項証明書の交付を請求する場合は、電子情報処理組織を使用して請求することができる。

続いて図表17の問14も、同じ視点で問題文を確認すると、選択肢1、3、4は「請求すること～できる」、選択肢2は「必要はない」という文末の表現が使われています。この場合も、選択肢2だけが仲間外れとなり、この選択肢は解答の候補から外したほうが賢明です。

この2つの問題の解答は、問4の解答が選択肢3、問14の解答が選択肢1でした。

いずれも仲間外れの選択肢は、正解の選択肢になっていません。このように、解答を絞り込むことができない場合には、文末の表現を比べ、仲間外れを探すだけで正答率を上げることが可能です。

全くわからない問題の対処法❸　選択肢の多数決の法則で決定する

次の問題は、選択肢の多数決の法則による裏技テクニックです。

図表18、19の2題は、平成22年4月公表（問5・問25）の第一種衛生管理者の資格試験問題です。

この2題は、全くわからない問題だったとしても、多数決の法則を使えば、あっという間に解答を導き出すことができた問題です。

まず、図表18の問5のAを検討します。多数決の法則から考えると、最も多い選択肢が「排ガス処理」の3個です。次にBですが、「ろ過」が2個、「マルチサイクロンによる」が2個で同個数です。そして、Cは「中和」と「酸化・還元」が2個で、これも同じ個数だということがわかります。

多数決の法則によりA、B、Cを比べて見ると、B、Cではそれぞれ2個ずつの分類に分けられるため、優劣がつけられません。唯一、Aは「排ガス処理」が3個あります。よって、Aは「排ガ

【図表18　多数決の法則による「正解」の選択肢の例①】

問5　次の文中の［　］に入れるAからCの語句の組合せとして、法令上、正しいものは(1)～(5)のうちどれか。

「特定化学物質障害予防規則には、特定化学物質の用後処理として、除じん、［A］、排液処理、残さい物処理及びぼろ等の処理の規定がある。そのなかの除じんについては、粒径が5μm未満の粉じんの場合は、［B］除じん方式若しくは電気除じん方式による除じん装置又はこれらと同等以上の性能を有する除じん装置を設けなければならないと規定されている。
また、排液処理については、硫酸を含有する排液の場合は、［C］方式による排液処理装置又はこれと同等以上の性能を有する排液処理装置を設けなければならないと規定されている。」

A	B	C
(1)排ガス処理	ろ過	中和
(2)浄化処理	ろ過	中和
(3)排ガス処理	スクラバによる	酸化・還元
(4)浄化処理	マルチサイクロンによる	酸化・還元
(5)排ガス処理	マルチサイクロンによる	活性汚泥

ス処理」で決定となります。これで(1)、(3)、(5)のどれかが解答だと絞ることができました。

次に、B、Cの検討に入りますが、Bの(3)の「スクラバによる」、Cの「活性汚泥」がそれぞれ1個ずつしかないため、仲間外れとなります。よって、(3)、(5)は除外となり、解答は(1)で確定となりました。

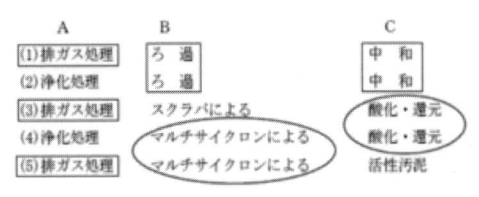

また、もう1つの違う目線から検討した場合、Bの「スクラバによる」と、Cの「活性汚泥」がそれぞれ1個ずつしかないため、この語句を用いた肢が正解とした場合、このどちらかの語句だけを知っているだけで解答を導き出すことができてしまいます。

出題者からすると、せっかくつくった問題が、たった1つの語句だけで正解に辿り着かれてしまっては、時間をかけて問題を作成した意味がなく、これらは解答の選択肢となることは想定しに

【図表19　多数決の法則による「正解」の選択肢の例②】

問25　労働時間の状況等が一定の要件に該当する労働者に対する医師による面接指導に関する次の文中の、□内に入れるAからCの数字又は語句の組合せとして、法令上、正しいものは(1)～(5)のうちどれか。

「事業者は、休憩時間を除き1週間当たり[A]時間を超えて労働させた場合におけるその超えた時間が1月当たり[B]時間を超え、かつ、[C]が認められる労働者から申出があったときは、遅滞なく、医師による面接指導を行わなければならない。」

	A	B	C
(1)	40	100	疲労の蓄積
(2)	40	120	継続的な深夜業務
(3)	40	120	メンタルヘルス不調
(4)	44	100	疲労の蓄積
(5)	44	100	継続的な深夜業務

くいのです。

次は、図表19の問25です。Aは「40」が3個、Bは「100」が3個、Cは「疲労の蓄積」と「継続的な深夜業務」が2個で同じ個数です。

以上の多数決の法則により、「40」、「100」、「疲労の蓄積」または「継続的な深夜業務」のすべてを用いられている番号が正解の選択肢となります。

この条件を満たす番号は(1)しかありません。よって、解答は(1)で確定となります。

この多数決の法則を使ったテクニックは、全くわからない問題でも有効に活用できますが、選択肢の1つだけでもわかっている場合には、さらに高確率で正解を絞り込めます。

多数決の法則が使える場合には、適当にマークするのではなく、この法則が当てはまるかどうか1度検討してみましょう。

まったくわからない問題の対処法❹　選択肢の中に計算問題が混ざっているときの対処法

択1試験で選択肢の中に計算が必要な選択肢と、計算の必要がない選択肢が混ざっている問題が出題されることがあります。このような問題では、計算が必要な選択肢が正解となっている可能性が高くなる傾向があります。

全くわからない、時間が足りなくなったなどの場合には、計算が必要な選択肢を選んで解答すれば、正解する可能性が高くなるのです。

それでは、ＦＰ２級の試験問題を例に解説していきます。図表20の問題は、平成25年度1月、平成24年度1月実施のＦＰ２級学科試験の問題です。

例題1の選択肢1の場合、正誤の判断をするには計算をする必要があります。一方で、選択肢2～4は計算を全く必要とせず、問題文を読むだけで正誤の判断ができる理論の問題です。

このような場合には、正誤の判断に計算が必要な選択肢1が、解答の選択肢となる可能性が高くなるのです。

もし、全く計算を必要としない選択肢を解答にした場合、出題者がせっかく労力をかけて作問した計算問題の選択肢にもかかわらず、受験者はその選択肢の計算をする必要がなくなってしまいます。このような理由により、計算が必要な選択肢を解答に選べば、正解する可能性は高くなるのです。

そして、この問題の解答は、予想どおり選択肢の1でした。

続いて例題2です。この問題では、選択肢の1と2が正誤の判断に計算を必要とします。一方で、

【図表 20　計算が必要、より複雑な選択肢が「正解」の例】

(例題１　平成２５年度１月実施　問題２９)

ポートフォリオ理論等に関する次の記述のうち、最も適切なものはどれか。

1．Ａ資産の期待収益率が２．５％、Ｂ資産の期待収益率が６．０％の場合、Ａ資産を４０％、Ｂ資産を６０％の割合で組み入れたポートフォリオの期待収益率は４．６％となる。

2．異なる２資産からなるポートフォリオにおいて、２資産間の相関係数が０（ゼロ）の場合、ポートフォリオ効果は得られず、ポートフォリオのリスクは単純に投資割合で加重平均したものになる。

3．ポートフォリオの期待収益率が５％で標準偏差が１０％の場合、おおむね３分の１の確率で、収益率がマイナス５％からプラス１５％の範囲内となる。

4．標準偏差は異なるが収益率が同じ２つのファンドをシャープレシオで比較した場合、標準偏差の値が大きいファンドの方が効率よく運用されていたと評価することができる。

(例題２　平成２４年度１月実施　問題２９)

居住者であるＡさんは、平成２４年１２月中に、保有する国内公募追加型株式投資信託から<資料>のとおり収益分配金の支払いを受けた。この収益分配金に係る課税関係等に関する次の記述のうち、最も不適切なものはどれか。なお、Ａさんは収益分配金の課税方法として申告分離課税を選択するものとする。

<資料>

収益分配金の金額	：	８００円
収益分配金落ち前の基準価額	：	１０，５００円
収益分配金落ち後の基準価額	：	９，７００円
収益分配金落ち前のＡさんの個別元本の金額	：	１０，０００円

※いずれの金額も、１万口当たりのものである。

1．Ａさんが受け取った収益分配金のうち、普通分配金の金額は、１万口当たり５００円である。

2．収益分配金落ち後のＡさんの個別元本の金額は、１万口当たり９，５００円である。

3．Ａさんが受け取った収益分配金のうち、元本払戻金（特別分配金）については、非課税である。

4．平成２４年中において、Ａさんに上場株式の譲渡による損失があった場合、その損失の金額は、Ａさんが受けた収益分配金に係る配当所得の金額と損益通算することができる。

選択肢の3と4は計算を全く必要とせず、問題文を読むだけで正誤の判断ができます。

このような場合には、計算が必要な選択肢の1と2の2つのどちらかの選択肢を選べば正解する可能性が高くなります。仮に、選択肢1か2が解答の肢だとすると、後はヤマ勘で選択しても50％の確率で正解することができるのです。

ただ、せっかく2択まで絞ることができたのに、ここでヤマ勘だけに頼って解答をするには、少しもったいないです。このような場合には、より複雑な計算を必要とする選択肢を選ぶことができれば、正答率をさらに上げることが可能になります。

FP試験の勉強の経験がある受験者ならすぐにわかると思いますが、選択肢1は、普通分配金と特別分配金の金額だけを計算すれば、正誤の判断が可能です。一方で、選択肢2は、選択肢1で計算した特別分配金の金額を元に計算をすることが必要であり、選択肢2は、選択肢1より計算がより複雑なのです。

出題者側からすると、せっかく作成した問題は、全選択肢を受験者に確認させたいはずです。もし、選択肢1を正解にすれば、選択肢2を作問した意味がなくなってしまうのです。

つまり、複雑な計算式の肢2を解答に選べば、正解する可能性が高いということです。

実際に、この問題の正解は、選択肢2で複雑な計算式が必要な肢のほうでした。

このようなテクニックを知っているか否かで、時間が足りなくなった場合、全くわからない問題でも、ヤマ勘でマークするより正答率が格段に飛躍することもあります。

テクニック４　試験で時間が足りなくなったときの対処法

試験本番中に、このままのペースで問題を解き続けては、どう考えても時間が足りなくなってしまう状況に追い込まれる場合があります。

時間配分ミスや勉強不足などにより、自分のレベルが合格ラインまで到達していない場合などに陥りやすいです。

このような場合、得意問題から優先的に解いたり、わからない問題を飛ばしていくことは当然です。そもそも、時間が足りなくなったからという理由で、そのような順番で問題を解いていくのではなく、事前に計画を立てて、問題を解く順番を決めておかなければなりません。

それでも、本試験では何が起こるかわかりません。時間が足りなくなった場合の対処方法を準備しておくに越したことはありません。

本試験中に時間が足りなくなるだろうと判断した場合、てっとり早い方法として、問題を解く量を少なくしてしまえばいいのです。

例えば、択1試験の場合、すべての選択肢に目を通さず、答えの選択肢が見つかれば、他の選択肢は読まずに次の問題に進みます。

ただし、この方法を使った場合、かなりの確率で出題者の罠に引っかかる可能性があります。元々時間が足りなくなるということは、まだその資格試験において、自分の受験レベルが十分に合格レベルに到達していないといえます。

　そのような受験者が、答えの選択肢を見つけたと思い次の問題に進んでしまうと、不正解の選択肢を選び、出題者の仕組まれた罠にはまって見事にやられてしまいます。

　出題者の罠にはまらないように、効率よく問題を飛ばしていくには、次の2つの対処法に注意をしながら問題を飛ばす必要があります。

時間が足りなくなったときの対処法❶　飛ばしていいのは誤りの選択肢を探す形式

　まず1つ目は、誤りの選択肢を選ぶ問題の形式の場合、誤りの選択肢を見つけた段階で次の問題に進んでかまいません。しかし、正しい選択肢を選ぶ問題の場合は、できるだけ全選択肢を確認することが必要になります。

　つまり、飛ばしていい問題は、誤りを選ぶ形式の問題ということです。

　図表21、22の問題は平成24年度の行政書士試験の問題です。

　図表21の問26は、誤っているものを選ぶ問題で、選択肢1が正解の誤りの選択肢となっています。この場合、選択肢1が誤りだと判断することができれば、さっさと次の問題へ進むべきです。そうすれば肢2～5は確認する必要はなく、大幅な時間短縮が可能になります。

　そして、次は図表22の問18、24です。この問題は正しいものを選ぶ形式の問題です。

　選択肢1を読むと一見正しいように思えます。ここで、選択肢1を正しいと判断して次の問題へ進んだ場合、見事に出題者の罠にはまってしまったことになります。

【図表 21　飛ばしてよい誤りの選択肢の問題例】

問題26　行政裁量に関する次の記述のうち、最高裁判所の判例に照らし、誤っているものはどれか。

×1　建築主事は、一定の建築物に関する建築確認の申請について、周辺の土地利用や交通等の現状および将来の見通しを総合的に考慮した上で、建築主事に委ねられた都市計画上の合理的な裁量に基づいて、確認済証を交付するか否かを判断する。

○2　法務大臣は、本邦に在留する外国人から再入国の許可申請があったときは、わが国の国益を保持し出入国の公正な管理を図る観点から、申請者の在留状況、渡航目的、渡航の必要性、渡航先国とわが国との関係、内外の諸情勢等を総合的に勘案した上で、法務大臣に委ねられた出入国管理上の合理的な裁量に基づいて、その許否を判断する。

○3　公務員に対して懲戒処分を行う権限を有する者は、懲戒事由に該当すると認められる行為の原因、動機、性質、態様、結果、影響等のほか、当該公務員の行為の前後における態度、懲戒処分等の処分歴、選択する処分が他の公務員及び社会に与える影響等、諸般の事情を考慮した上で、懲戒権者に委ねられた合理的な裁量に基づいて、処分を行うかどうか、そして処分を行う場合にいかなる種類・程度を選ぶかを判断する。

○4　行政財産の管理者は、当該財産の目的外使用許可について、許可申請に係る使用の日時・場所・目的・態様、使用者の範囲、使用の必要性の程度、許可をするに当たっての支障または許可をした場合の弊害もしくは影響の内容および程度、代替施設確保の困難性など、許可をしないことによる申請者側の不都合または影響の内容及び程度等の諸般の事情を総合考慮した上で、行政財産管理者に委ねられた合理的な裁量に基づいて、許可を行うかどうかを判断する。

○5　公立高等専門学校の校長は、学習態度や試験成績に関する評価などを総合的に考慮し、校長に委ねられた教育上の合理的な裁量に基づいて、必修科目を履修しない学生に対し原級留置処分または退学処分を行うかどうかを判断する。

【図表 22　飛ばしてよいヒッカケの「誤りの選択肢」の問題例】

問題18　行政事件訴訟法３条２項の「行政庁の処分その他公権力の行使に当たる行為」（以下「行政処分」という。）に関する次の記述のうち、最高裁判所の判例に照らし、妥当なものはどれか。

×１　医療法の規定に基づき都道府県知事が行う病院開設中止の勧告は、行政処分に該当しない。

×２　地方公共団体が営む簡易水道事業につき、水道料金の改定を内容とする条例の制定行為は、行政処分に該当する。

×３　都市計画法の規定に基づき都道府県知事が行う用途地域の指定は、行政処分に該当する。

×４　（旧）関税定率法の規定に基づき税関長が行う「輸入禁制品に該当する貨物と認めるのに相当の理由がある」旨の通知は、行政処分に該当しない。

○５　地方公共団体の設置する保育所について、その廃止を定める条例の制定行為は、行政処分に該当する。

問題24　Xは、A川の河川敷においてゴルフ練習場を経営すべく、河川管理者であるY県知事に対して、河川法に基づく土地の占用許可を申請した。この占用許可についての次の記述のうち、妥当なものはどれか。

×１　この占用許可は、行政法学上の「許可」であるから、Xの申請に許可を与えるか否かについて、Y県知事には、裁量の余地は認められない。

×２　申請が拒否された場合、Xは、不許可処分の取消訴訟と占用許可の義務付け訴訟を併合提起して争うべきであり、取消訴訟のみを単独で提起することは許されない。

×３　Y県知事は、占用を許可するに際して、行政手続法上、同時に理由を提示しなければならず、これが不十分な許可は、違法として取り消される。

×４　Xが所定の占用料を支払わない場合、Y県知事は、行政代執行法の定めによる代執行によって、その支払いを強制することができる。

○５　Y県知事は、河川改修工事などのやむをえない理由があれば、許可を撤回できるが、こうした場合でも、Xに損失が生ずれば、通常生ずべき損失を補償しなければならない。

実は、選択肢1は、正しいように見せたヒッカケで本当は誤りの選択肢です。正解は選択肢5で、結局、選択肢1～4のすべてが正しいように見せかけたヒッカケの誤りの選択肢だったのです。

このように、問題は基本的にすべて誤り探しです。誤りを探す形式の場合、誤りの箇所に確信が持てれば、その他の選択肢を飛ばしたとしても、正解する可能性が高いといえます。

一方で、正しいものを選ぶ形式の問題の場合、誤りを見つけた場合と違い、正しいと思わせて、実は誤りだったという出題者の罠にかかる可能性が高くなってしまうのです。

時間が足りなくなったときの対処法❷　短い文章の選択肢から先に確認する

2つ目は、短い文章の選択肢から読むということです。

図表23は、平成26年度の管理業務主任者の試験問題です。

問22の選択肢3、問27の選択肢2がいずれもたった1行しかなく、一目で明らかに短い文章だと見分けられます。当然、文章の短い選択肢のほうが、長い肢より短い時間で読むことができます。

もし、答えが、このたった1行の選択肢だったとすると、一瞬でこの問題の解答に辿り着くことができるのです。また、組み合わせ問題などでも選択肢の1つの正誤が判断できると、確認しなければならない他の選択肢を絞ることも可能になります。

実際にこの問題では、問22の正解が選択肢3、問27の正解が選択肢2でした。それぞれ1行づつ確認するだけで正解に辿り着け、時間短縮に貢献しました。

【図表 23　短い文章の選択肢から確認する問題例】

【問　22】　建築基準法における面積・高さなどの算定方法に関する次の記述のうち、誤っているものはどれか。

1　がけ地、川、線路敷地等に沿う道路のうち特定行政庁が指定する幅員４ｍ未満の道路において、当該がけ地等の境界線から道の側に４ｍまでの部分は、敷地面積に算入されない。

2　自動車車庫の床面積は、当該敷地内の建築物の各階の床面積の合計（同一敷地内に２以上の建築物がある場合においては、それらの建築物の各階の床面積の合計の和）に５分の１を乗じて得た面積を限度として、延べ面積には算入されない。

3　地階で、地盤面上１．５ｍ以下にある部分は、建築面積に算入されない。

4　階段室、昇降機塔などの建築物の屋上部分の水平投影面積の合計が、当該建築物の建築面積の８分の１以内の場合、その部分の高さは、建築物の高さに算入されないことがある。

【問　27】　国土交通省による「長期修繕計画作成ガイドライン」(平成20年６月17日公表）に示されている「長期修繕計画の作成の考え方」及び「修繕積立金の額の設定の考え方」の内容として、最も不適切なものはどれか。

1　推定修繕工事は、建物及び設備の性能・機能を工事時点における新築物件と同等の水準に維持、回復する修繕工事を基本とする。

2　推定修繕工事費用には、長期修繕計画の見直しの費用は含まない。

3　現場管理費及び一般管理費は、見込まれる推定修繕工事ごとの総額に応じた比率の額を単価に含める。

4　修繕積立金の積立ては、長期修繕計画の作成時点において、計画期間に積み立てる修繕積立金の額を均等にする積立方式を基本とする。

資格試験で必要な時計の種類とは？

本試験に限らず、日常の勉強でも時間の管理は大切です。丸1日、勉強ができる日があったとしても、時間をうまくコントロールできなければ、貴重な時間がムダになってしまいます。

資格試験を短期間で合格するには、常日頃から勉強できる残り時間を逆算して、自分自身にその時々のノルマを課す癖をつけておくのです。そうすれば、「きょうは、あと1時間勉強できるから50問やる、あと30分あるから10ページやる」と、ギリギリやり切れるきょうのノルマが自然と頭に浮かぶようになります。このように、日頃から残り時間を意識した勉強を心掛ければ、本試験中でも、時間が足りなくなる恐れがあることに、より早く気づくことができます。

また、時間の管理には時計が必要ですが、資格試験の時間の管理は、「現在の時刻」ではなく、「残り時間」をいち早く把握することが必要です。そのことを前提に考え、資格試験ではアナログ時計を準備することです。アナログ時計であれば、針の指している位置から、残り時間を視覚的に一瞬で確認することができるのです。

筆者の場合、普段の勉強机には卓上のアナログ時計を置き、本試験ではアナログの腕時計を腕から外して卓上時計のように使っています。卓上時計のよいところは、目線を少し変えれば、すぐに視界に入り、時間を一瞬で確認することができるので最適なのです。

最近は、携帯やスマホを時計代わりに使う人が随分増えたように思います。しかし、資格試験に挑戦している間は、いつでも時間の管理ができるアナログ腕時計を身につけるとよいでしょう。

コラム4　資格専門学校の罠　専門学校が秘密にする合格率　其の1

専門学校や通信教育では、あまり受講生の合格率を公表していません。筆者が合格した資格試験の中で最も苦戦した行政書士試験の受験の際、本当の難易度を知るべく、専門学校へ調査を兼ねて公開模試の申込みに行きました。

講師の方に行政書士の受講生の合格率は、いったいどれくらいなのか尋ねてみました。しかし、何度聞いても話をはぐらかされ、挙句の果てには、独学で行政書士試験に挑戦することがわかると、来年度に向けての講座の勧誘までされる始末です。結局、真実を教えてもらえませんでした。

本試験の合格発表後、その専門学校から自宅へ勧誘の電話がかかってきました。合格したことを伝えるとビックリした様子で、ここはチャンスだと思い、受講生の合格率を聞いてみました。すると、今度は意外にすんなりと、たったの「10％」しかないと教えてもらえました。

この合格率は多年受験者も多く含まれ、一発合格になるとさらに合格率は減少するとのことでした。

行政書士試験の合格率は、平成18年の新試験制度以降、難易度が上がり、概ね5％～9％で推移しています。これでは、「専門学校を利用しても合格率は大して上がらない」と考えざるを得ません。

筆者がビックリしていると、今度は、その講師は現在の行政書士試験の実態を語り始めました。

※コラム5へ続く

第5章

受かるまでの合格スケジュール

1　資格試験という「敵」を知る

✍まずは敵を知ることが大切

この章では、資格試験に合格するまでの手順を紹介していきます。まず、最初にやならければならないことは、「戦う敵を知る」ということです。この敵を知るということは、資格試験をスタートする第1歩です。

例えば、1対1の格闘技の場合、敵である対戦相手を徹底的に研究することは、セオリー中のセオリーです。どういう技を仕掛けてくるのか、パワーはあるのか、過去の戦績など、相当念入りに調べて下準備をすることは当然です。

この下準備の精度が、後々のスケジュールに大きく影響することは間違いありません。勝敗にまで影響するといっても過言ではないでしょう。

少し大げさな例えですが、あなたがボクシングを始めて1か月経過したある日、3か月後に練習試合を行うと告げられたとします。その相手候補は3人で、自由に対戦相手を選べます。あなたは、その対戦相手の3人について下調べをしました。その対戦相手の3人は、それぞれ次のような選手だということが判明しました。

①　あなたと同じボクシングを始めてまだ1か月の素人
②　ボクシング歴3年のプロテスト合格者
③　日本チャンピオン

あなたは、どの選手を対戦相手に選ぶでしょうか。当然、普通の人は、対戦相手に①を選ぶでしょう。②と③を選ぶ人は、よっぽど無謀な人か、もしくは世界チャンピオンにでもなれる素質を持っているその世界での天才ぐらいでしょう。

では何故、普通の人は、①を選んだのでしょうか。

答えは簡単で、対戦相手に①を選べば、少なくとも勝てる見込みがあるからです。もし対戦相手に②か③を選べば勝てる可能性などほぼ0%です。

事前に下調べをしたあなたは、対戦相手に①を選び、3か月後の練習試合に本気で勝つために、一生懸命練習しました。どうしても本気で勝ちたかったので、対戦相手の2倍も練習したのです。

そして、見事に3か月後の試合で勝利することができました。あなたの取った行動は、正に工攻法です。あなたは、勝つ可能性がある試合に、勝つための練習をして、見事に勝利を勝ち取ったのです。

一方で、事前に下調べもしないまま、対戦相手に②か③を選んだ場合はどうでしょうか。先ほどと同じように、勝つために3か月間本気で練習しました。しかし、その努力もむなしく、3か月後の試合では、開始早々数秒でKO負けです。

この場合、あなたは勝つ可能性がない試合に、勝てない練習をして見事に敗者になってしまったのです。

前者と後者の違いは、「戦う敵を知る」という事前の下調べをやったか、やらなかったか、それだけの違いです。後者は３か月もの期間、勝てる可能性のない試合のために、ムダな労力をつかったことになります。

資格試験でも同じです。事前の下調べをしなかった受験者は、最初から「敗者」と確定しているような勉強法に、貴重な時間を費やすことになるのです。

こんなことでは、せっかく勉強した時間が全くのムダになってしまいます。初めから合格する可能性のない勉強法に貴重な時間を充て、悔しい思いをすることになるのです。何かを我慢してまで捻出した時間であればなおさらです。

それだけ、「戦う敵を知る」ということは、資格試験においても重要なことなのです。

そこで、戦う敵について、最初に調べなければならない項目を上げてみました。

✍勉強開始前に最低限は調べよう！

① 試験日
② 合格率
③ 合格判定方法（絶対評価・相対評価）

④　試験範囲（出題科目・配点）
⑤　出題形式
⑥　受験資格
⑦　難易度
⑧　標準的な学習時間（期間）

まず、①～⑥については、説明するまでもなく、その資格試験の実施機関のホームページなどを確認すればすぐにわかります。また、資格の専門学校などのホームページでも確認できるでしょう。筆者の場合は、資格の専門学校のホームページが一番説明がわかりやすく、情報が豊富に掲載されていると感じましたので、そちらを利用させていただいていました。

問題なのは、⑦、⑧です。この判断は、簡単なようで非常に難しいです。それは、人によって言うことが全然違うため、どの話が本当なのかわからなくなってしまうからです。身近に合格した人がいれば一番参考になるのですが、中々そのような人たちを見つけるのは難しいです。そのため、インターネット上の受験経験者のブログなどで安易に情報を仕入れてしまうようになり、混乱を招いているのです。

また、専門学校等の資格案内での判断も難しいものです。専門学校などは、受講者を集めるのが一番の目的のため、難関資格であってもなるべく簡単に合格しそうなイメージをつくり上げ、受講者を集めている場合が非常に多いのです。

では、どう判断すればいいのでしょうか。この問題は、取りあえず合格率で判断するのが一番手っ取り早い方法となります。

司法試験等の一部の資格試験を除き、著者が今まで受験した資格試験の中で、実際に感じた試験の難易度と合格率からみる難易度は、ある程度同じだと感じました。

2　テキスト・問題集選びの方法

独学で資格試験に合格するためには、テキストと問題集選びが非常に重要になります。独学による学習では、テキストと問題集から習得した情報が、知識のストックのほとんどになるからです。資格を取るために専門学校に通学している受験者は、講師の授業により知識のインプットを行い、不明な点があれば講師に聞きさえすればほとんど解決することになります。

しかし、独学による学習では、手元にあるテキストと問題集から知識のインプットを行い、不明な点もその中から探し出す必要があります。

そして、独学者は、最初に選んだテキストや問題集を途中で変更しない限り、本試験当日までそれらと心中することになります。もし、あなたの選んだテキストや問題集が、合格するために必要な知識を網羅していないようなものであった場合、試験に合格することはかなり厳しい状況に陥ります。

つまり、元々合格する可能性が低い資格試験に多大な労力をかけていたとなると、精神的なショックも大きく、次回の試験への再挑戦は２度とないかもしれません。そうならないためにも、最初に選ぶテキストと問題集は、最も重要な位置づけとなるのです。

この章では、どの資格試験でも通用する基本的なテキストと問題集の選び方を紹介します。なお、問題集については、難易度にかかわらず、選び方は共通となります。

⑴ 難易度の低い資格試験

最初に難易度の低い資格試験について説明します。このレベルの試験では、テキストを購入しなくても、問題集だけの学習で合格することができます。証券外務員試験や知財検定３級試験、第１種衛生管理者試験などがそれに当てはまります。

この難易度の場合、インプットやアウトプットなど、すべてにおいて問題集から行うことが前提になりますので、問題集を選ぶ際にはいくつかの注意点があります。

まず１つに、解説が詳しく記載されていることです。さらには、問題や解説部分以外の余ったスペースに、まとめの表や関連知識の説明などの掲載があれば最適です。

もう１つは、問題が左ページ、解説が右ページの見開き構成になっていることです。この見開き構成の問題集でないと、学習効率がかなり落ちてしまいます。「問題集は見開きが絶対」ということは、第３章でも紹介したとおりです。

【図表 24　学習効果の高い参考書の例】

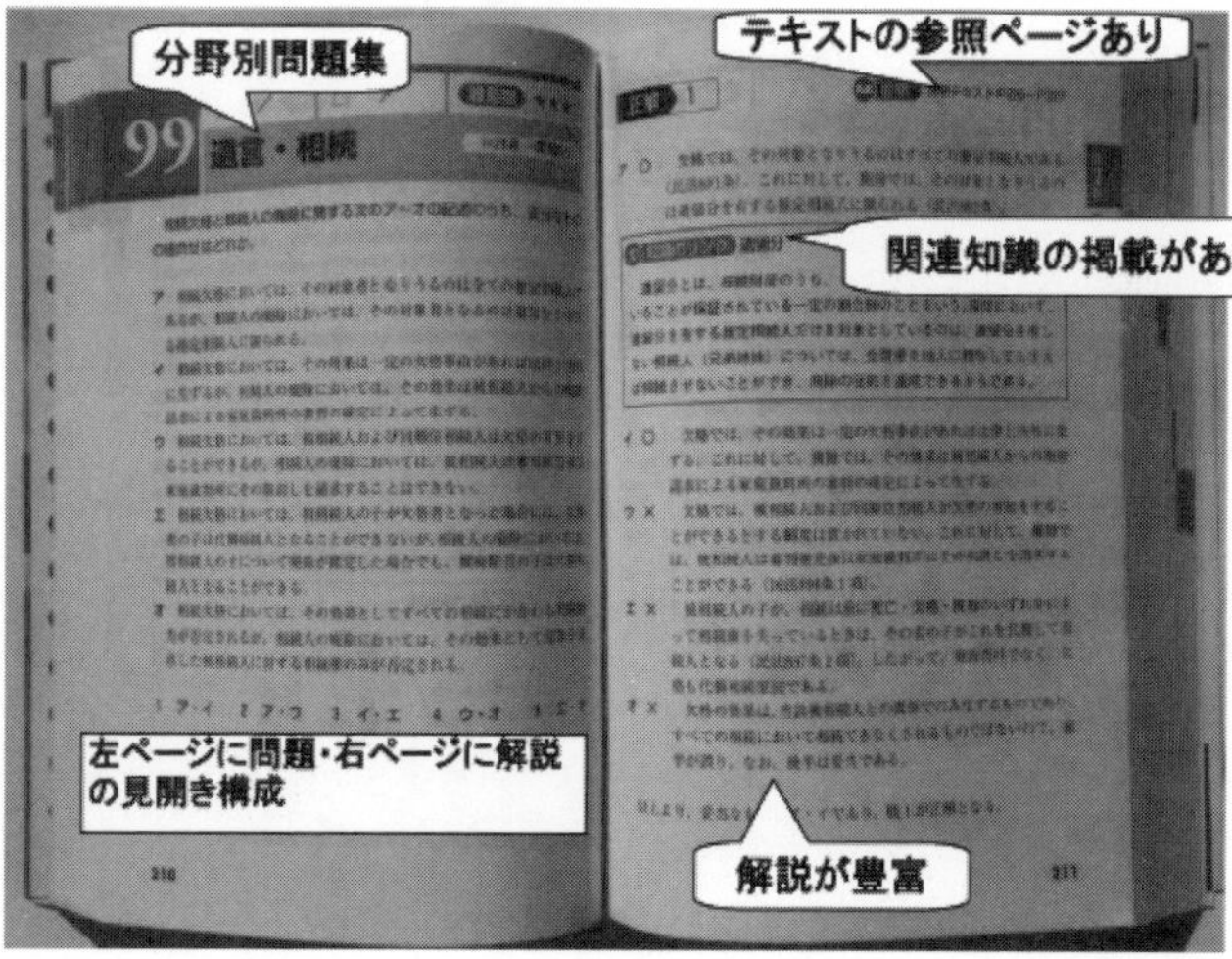
分野別問題集
テキストの参照ページあり
関連知識の掲載がある
左ページに問題・右ページに解説の見開き構成
解説が豊富

最後は、問題が分野別に構成されていることです。

難易度が高い試験の場合は、学習の最終段階において模擬試験や年度別過去問題集を使い、全分野をまんべんなく学習する方法も必要になりますが、難易度の低い試験の場合、分野別の問題集を使えば十分です。

問題集からインプットとアウトプットの両方を行うことが前提になるため、分野別の構成のほうが効率よく学習できます。

これは、その分野の問題を集中的に学習するため、問われていることは同じ内容でも、違う方向から問われていたり、類似の問題を多く学習したほうが、その分野の学習をすばやくマスターすることができるからです。

全分野をいっぺんに学習できる年度別過去問題集にもメリットはありますが、まずは分野別の問題集を入手することが正解です。

次に問題集を使った学習方法を説明します。この学習方法は、どの資格試験でも効率よく進めていくために必ず必要になります。始めは抵抗があるかもしれませんが、必ず効果は現れますので、信じてやり通してください。

まず、左ページにある問題を読み、そして直ぐに右ページにある解説を読みます。もちろん、始めたばかりの学習段階では、全く理解できなくても心配ありません。

ここで重要なのは、問題を読んでから解説を読むまでに、間隔を空けないことです。この段階では、問題集から必要な知識をインプットすることが前提であるため、必要以上に深く考える必要はありません。問題を読んだときに問われていることを、若干考えるだけで十分です。

理解は必要ありません。日本語の意味さえわかれば、それでかまいませんので、どんどん読み進めてください。

ここで注意していただきたいことがあります。

例えば、4肢択1の資格試験の場合、左ページに4つの選択肢があります。この4つの選択肢のすべてを1度に読んでしまっては絶対にいけません。

まず、1番目の選択肢を読んだら、すぐに右ページの右側にあるその選択肢の解説を読んでください。次に、選択肢2を読み、そして先ほどと同じように、その選択肢の解説を読みます。この問題と解説を読む作業を次々に進めていき、4番目の選択肢まで一気に読み進めます。

【図表25　選択肢ごとに問題と解説を読み確認していく】

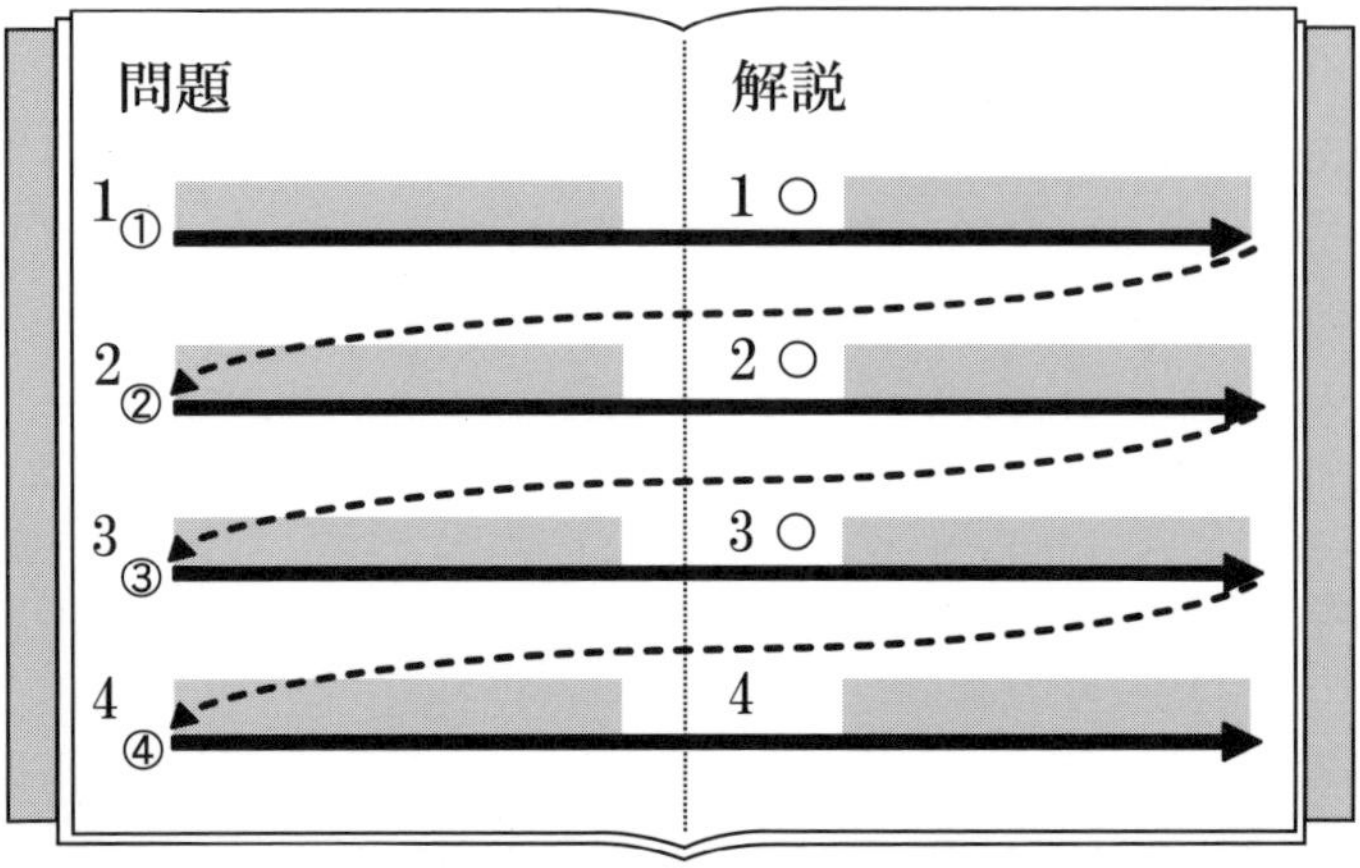

1回目の学習や、苦手な問題は、次のような順番で進めていき繰り返す回数を増やします。（詳しくは第3章2 ③参照）
例1)(①×2)→(②×2)→(③×2)→(④×2)→①→②→③→④

例2)①→②→③→④→①→②→③→④

なぜ、4つの選択肢をいっぺんに読むことがだめなのか。この理由も徹底的にムダを省くためです。

もし、4つの選択肢のすべてを読んでしまえば、そのすべてを覚えているかどうかは別として、頭の中に4つの選択肢がインプットされたことになります。この状態で右ページの1番目の選択肢の解説を読んでしまうと、この解説が4つの選択肢の中のどの説明かわからなくなってしまうのです。

たった4つの選択肢といえども、その選択肢すべてを覚えることはかなり厳しいです。結局、解説を読むときに、再度、確認のために左ページに戻り、また同じ選択肢を読むはめになってしまうのです。

１つの選択肢ずつ、問題と解説を確認して進めていけば、ここでもムダな作業を省けることになります。

難易度の低い資格試験であれば、この方法を繰り返せば、問題集の学習だけで合格できます。これらの資格試験では、この問題集から得られる知識のストックだけで十分なのです。

実際に、筆者がそうでしたので間違いありません。しかし、専門学校等を利用した場合、明らかにオーバースペックな教材を与えられ、必要以上の勉強を強いられて合格が難しくなるのです。

それでも不安に感じる方は、テキストを一応購入して準備しておき、どうしてもわからないところはテキストで調べるぐらいで十分です。

⑵　難易度が普通の資格試験

次は、難易度が普通以上の場合です。

宅建やＦＰ２級試験がこれに当てはまります。このレベルになると、どうしても理解できない箇所、覚えなければならないことがたくさん増えてきます。そうすると、問題集だけでなく、テキストも必要になります。

そこでテキストの選び方です。筆者の考えでは、どのテキストを選んでもあまり大差はありません。そうはいっても、テキスト選びの方法を知りたい受験者もいると思いますので、おすすめのテキスト選びの方法を紹介します。

理想のテキストとは

理想のテキストの要件は、次のとおりです。

① テキストと過去問題集が完全リンクしている
② イラストやまとめの表が多い
③ 事例での説明が多い
④ 使える「ゴロ合わせ」がある
⑤ 適度な色分け（2色で十分）

まず①ですが、問題を解いている途中に調べたいところがあり、その部分のテキストの該当するページを探したいときがあります。問題集にテキストの参照ページが記載されてあれば、瞬時にそのページを開くことが可能になります。

難易度が普通以上の資格試験になってくると、テキストの分量は500ページ以上は普通にあります。この中から該当する参照ページを探すのは、思いのほか手間がかかります。このようなとき、タイムロスは、学習するリズムを狂わせ、イライラを募らせる原因となります。徹底的にムダを省く勉強法では、このテキストを開く時間もムダであると考えます。

筆者が宅建試験でたまたま使用した問題集は、テキストの参照ページの記載があり、問題集とテキストが完全にリンクしていましたので、学習効率に非常に貢献してくれたと思います。

次は②です。最近のテキストでは、どのテキストでもいろいろな工夫が施され、ある程度のわかりやすいイラストや、まとめの表などを使い説明してあるものがほとんどです。

普通の人は、難しい専門用語や法律の解釈などの文章だけの説明より、イラストなどを用いて説明してあるほうが理解しやすいのです。ほとんど文章で説明している難しい学者本にまで学習範囲を広げることは全く必要ありません。

③は、問題集から学習する理論に似ているといえます。問題集から学習する理由は、頭の中を思考中に切り換えることにあります。

文章だけのだらだらとした抽象的な説明より、具体的な事例で説明してあるほうが、頭の中でその状況がイメージに浮かびやすくなります。事例で説明してあるテキストほど理解しやすいのはそのためです。

④は、第3章でも説明した「ゴロ合わせほど最強なものはない」に積極的に取り組むためです。ただ、何でもかでもゴロ合わせで覚えてしまえばいいということではなく、理解して覚えることができることは理解で覚え、理解で覚えることができないことはゴロ合わせで覚えてしまうことです。

理解することで覚えていれば、普段はそのことについて覚えていなくても、その対象となる問題に遭遇したときに理解で思い出すことができます。つまり、理解は、思い出し方を知っているのと同じ状態になっているのです。

これに対し、ゴロ合わせはどうでしょうか。これも理屈は同じで、思い出す必要があるときに、今度は理解ではなく、ゴロ合わせをキッカケとして思い出せばいいのです。

思い出し方が多ければ多いほど、たくさんの記憶を引き出すことができ、使える記憶の量も増やすことができるようになります。

要するに、資格試験の対策の上では、学習したことの思い出し方をどれだけストックしているかにかかっているということです。理解で覚えられないことは、積極的にゴロ合わせなどの方法を使い覚えてしまいましょう。

最後に⑤です。これについては、あまり心配する必要はありません。一応、参考までに記載しておきますが、本書の学習方法では、ノートを作成しない変わりに、テキストに躊躇なくどんどん書き込みをしていきます。

そのとき、テキストがフルカラーなどで作成したものである場合に、使用色が大変多くなってしまい、返って見づらいテキストになってしまいます。

気にならない方はもちろん問題ありませんが、2色刷りぐらいでちょうどいいと考えています。2色でも太字、細字などの使い分けもされていますので、そこに自分の見やすい色で書き込みするぐらいがちょうどいいでしょう。

色刷りに関しては、あまりこだわらずに、自分の見やすいテキストを選んでかまいません。

(3)　難易度が高い資格試験

いよいよ難易度が高い資格試験です。行政書士、ＣＦＰ試験などがこれに当てはまります。これも基本的には、難易度が普通の資格試験と同じです。

しかし、難易度の高い資格試験になると、いきなり過去問題集から学習開始した場合、理解ができないどころか、問題の意味も全くわからないことのほうが多くなります。この状態で過去問題集からいきなり学習した場合、返って学習効率が落ちてしまいます。

このような場合は、入門書やまんがテキストなどで、予備知識をインプットしておくことです。注意していただきたいのは、これらの事前の予備知識インプット学習は、２、３度通読するぐらいにとどめ、ざっと学習するぐらいでかまいません。

もちろん、いきなり過去問題集から学習を開始しても、問題の意味がわかり、学習を進めることができれば、全然かまいません。

参考

行政書士試験などでは、同じ出版社でも、基本テキストと入門書が別けられて販売されていたり、まんがテキストなども多く出版されています。これは難易度が高い試験の特徴です。筆者も行政書士試験においては、自分の知識レベルに合わせて、分野ごとに使用教材を使い分けました。

ＣＦＰ試験では、受験資格がＡＦＰ資格保持者であることが条件のため、最初からある程度予備知識を持ち合わせています。

したがって、ＣＦＰ試験においては、最初から過去問学習しても大丈夫です。ただし、ＡＦＰ資格保持者であっても、試験合格から長い期間が経過して、必要な知識のほとんどを忘れている場合には、ＦＰ２級程度のテキストや過去問題集を最初にざっと復習すればいいでしょう。

3　過去問題集を「高速で繰り返す」

資格試験を短期間で合格するためには、この過去問題集を「高速で繰り返す」ことが必要になります。これで合否が決まると言っても大げさな話ではありません。インプットもアウトプットも問題集から行うこの勉強法では、問題集を高速で繰り返すことができれば、短期間で合格の可能性がぐっと近づきます。

そして、この問題集を繰り返す上で大切なことは、高速で行うということです。高速で行うといっても難しく考える必要は全くありません。ただ、高速で読むだけでいいのです。左ページにある問題を読み、直後に右ページの解説を読むことを素早く行えばいいだけです。これを分野ごとに（1つの分野が広範囲に及ぶ場合は、細分化して学習範囲を狭めます）進めていきます。

✍ スピードアップと復習

第3章で説明した速読法によって1回目より2回目、2回目より3回目と、だんだん読むスピードが速くなってきます。問題の難易度によって異なりますが、何度も繰り返していると、問題を読んだだけで、すぐに頭の中に答えと解説が思い浮かんでくる問題が少しずつ増えていきます。

そして、繰り返し呼んでいるうちに、答えと解説が頭に浮かぶ問題の割合のほうが多くなります。この状態までになってくると、自分でも知識がインプットされてきている実感が湧いてきます。

次に、このタイミングで覚えた肢と、そうでない肢に振り分けていく作業を行います。具体的には、覚えていない肢に付箋を貼り、この付箋が貼ってある選択肢のみ、第３章で説明した記憶のメカニズムをうまく使い復習を行います。

復習するタイミングは、１度目は学習した直後が最適ですが、遅くともその日のうちに復習します。２度目は翌朝がベストですが、実行することができなかった場合は翌日中に必ず行います。読むスピードがだんだん速くなり、付箋がある肢のみ学習する段階になれば、その分野を１周させることは、さほど時間は要しません。そしてほぼ１００％の正答率になった段階で、学習範囲を次の分野に進めます。

次の分野も同じように繰り返し学習していきますが、そうすると期間の経過とともに以前に学習した内容を忘れてしまいます。そのことを前提に、適度に以前に学習した分野に戻って学習することも忘れてはいけません。

完璧に覚えたつもりで、思っていたより多く忘れてしまっても、落ち込む必要は全くありません。また、繰り返し覚えてていけばいいだけのことです。そんなに簡単にすべてのことを覚えられるのであれば、誰でも簡単に試験に合格してしまいます。

✍記憶のメンテナンスをしてあげることが重要

暗記とは、繰り返しては復習し、少し進んではまた戻り、そしてまた進んでは戻ることの繰り返しです。もし、忘れてしまっても、復習したときにすぐに思い出せるぐらいのペースで、記憶のメンテナンスをしてあげることが必要なのです。

復習したときに、完全に忘れてしまうほど記憶のメンテナンスを怠れば、また新に学習するのと同じぐらいにレベルが低下してしまい、今まで学習したことが全くムダになってしまいます。

これは、皿回しの原理に非常によく似ています。1度に回すことのできる皿の数が10枚あったとします。1枚目から順番に皿を回していき、10枚目まで回していきます。

そのとき、1枚目はすでに回転が遅くなっています。そのまま放置しておけば、その皿は回転が止まり落下してしまいます。1度皿が落下してしまえば元の状態に戻すのは非常に困難です。しかし、その回転が遅くなった皿を、落下する前に元の回転を取り戻すことができれば、比較的簡単に、以前の状態に戻すことができるのです。

この皿回しの原理と同じように、記憶も上手にメンテナンスしてあげることが大切なのです。

しかし、ほとんどの受験者は、自分の能力を過信してしまい、復習を十分に行いません。2、3度問題集を繰り返しただけで、記憶のメンテナンスを怠ってしまいます。覚えたつもりで次の問題集に進んでしまっては、いたずらに学習範囲を広げてしまうだけです。そうすると中途半端な知識や記憶が増えてしまい、これでは典型的な不合格パターンに陥ってしまうのです。

4　模試を受ける

難易度の低い試験を除き、模試は、必ず受けるようにしてください。その理由は、いくつかありますが、１番の理由は自分の立ち位置を知ることにあります。

あなたが模試を何度か受けたその結果、合格がほぼ間違いない点数を取ることができれば、本試験当日まで今までどおりのペースで学習を続けていけば問題ありません。

しかし、模試の結果が合格点まで全く到達していなかったらどうでしょうか。少なくとも、これまでの計画を見直すことになり、学習時間を増やしたり、苦手分野を集中して勉強するなど、できる限りの改善をして、自分の学力を合格レベルに近づけるために努力しなければなりません。

もし、あなたが自分の学力が合格レベルまで到達していないにもかかわらず、模試を受けていなかったらどうなっていたでしょうか。

この場合、あなたは、現在の自分の学力で到底合格することが不可能であるにもかかわらず、それに気づくことができません。そして、学習計画の見直しもせず、本試験日まで合格するはずもない試験のために、やってもムダな学習に時間を費やすことになるのです。

その結果、本試験を受けて撃沈し、そこで初めてムダな労力を使っていたことに気づき、相当なショックを受けてしまうのです。

さらに、そのムダな期間が半年や1年にもわたる場合は、もう立ち直ることもできず、その試験を諦めてしまうかもしれません。

筆者の場合、模試を受けたことで学習計画を大幅に変更したのは、宅建と行政書士の試験でした。もし、模試を受けていなかった場合は、絶対に合格することはできなかったでしょう。合格する可能性もない試験のために、貴重な時間を使い、ムダな労力をかけていたに違いありません。

5 問題を解く順番を決める

難易度の低い試験の場合、特に気にすることなく、一番最初の問題からでも、自分の得意なところからでも、好きなところから試験問題を解き始めて大丈夫です。

問題を解く順番を考える必要があるのは、難易度が普通以上資格試験です。特に、難易度が高い資格試験になると、問題を解く順番や解くルールを決めておくことが不可欠です。

格闘技や団体競技でも、対戦相手が強ければ強いほど、作戦を練って挑みます。資格試験も同じで、難易度が高ければ高いほど、対策を練らなければ試験に勝つ可能性が薄れてしまいます。

どの資格試験でも、配点が高い問題や、自分の得意な問題から解き始めるのがセオリーです。また、わからない問題や解くのに時間のかかる難題が出た場合は、後回しにするのが鉄則です。

6　試験直前期（試験日1週間前～2週間前ぐらい）

この時期にやらなければならないことは、本試験日～1週間前に勉強する内容を決めておくことです。本試験日が近づくにつれ、焦りが出てしまい、勉強が手につかなくなることも想定されます。そうならないために、あらかじめ学習することを決めておくのです。

この時期から本試験日までは、試験範囲の全体を見直すことは当然として、数字などの暗記をしなければならないところを決めておくことがおすすめです。

反対にやってはならないことは、この時期から新たな知識を増やすことや、学習範囲を広げることとは絶対にしてはいけません。知らないことにまで手を伸ばしてしまうと、焦りばかりが増大し勉強が手につかなくなります。

7　試験会場の下見をする

これは試験直前でなくてもいいのですが、どうしても勉強に関係ないことは後回しになってしまうので、注意が必要です。また、試験が近づいてくると受験票が届き、初めて自分が受験する会場や教室などが詳しくわかることも多いのです。この時期は、試験直前のため、勉強することだけに専念したいものです。

しかし、試験会場の下見だけは必ず行ってください。筆者は、資格試験の難易度にかかわらず、必ず試験会場の下見はするようにしていました。

筆者は、会場まで車で出かけましたが、下見を行う際、必ずやらなければならないのは、自宅から試験会場までの所要時間と試験会場付近の有料駐車場の確認です。特に駐車場は、最低3箇所ぐらいは見つけておきました。せっかく見つけた駐車場が満車で車を止めることができなければ、下見をした意味がありません。そのため、第2、第3候補の駐車場まで必ず見つけておき、さらに自宅からの試験会場までの所要時間も多めに計算しておきます。

そして本試験当日では、多少渋滞に遭遇しても、試験会場に試験開始の最低1時間前には到着するように自宅を出発していました。そのため、試験開始2時間も前に到着してしまうことも多かったです。

そして、もう1つ、試験会場は、大学等の教室で行われることが多いです。もし、可能であれば、試験会場の入口まではなく、自分が受験する建物の前まで下見をしておけば完璧です。そうすれば、試験当日に、試験以外の余計なことに意識を集中することを少なくすることができます。

なお、受験者のほとんどは、公共機関等を使い、試験会場まで行く方が多いと思います。皆さんも、実際に利用する公共機関を使い、試験会場の下見をしてください。その際、万が一の事を考え、他の公共機関の利用方法なども調べておけば万全です。

8　試験前日

ついに、明日が本試験です。さて、あなたはこの日をどのように過ごしますか。

スケジュールが厳しく、合格レベルに達していない受験者は、もちろん最後の追い込みをかけなければなりません。そのような状況では、徹夜までして試験当日を迎える方もいるでしょう。難易度の低い試験では、このような悪あがきが有効に働く場合も多々あります。明日に迫ったという本試験の締め切り効果の集中力で、前日に知識を詰め込んだイチかバチかの勝負にかけて、勝利を勝ち取ることができるかもしれません。

試験の前日に合格できる力をまだ持ち合わせていないのであれば、ギリギリまで追い込みをかけなければ合格することは当然できません。もし、試験前日の追い込みで合格する可能性が少しでもあるのであれば、徹夜してでも勉強すべきです。

筆者も宅建試験の前日は、ギリギリまで勉強していました。宅建試験は、そんなに難易度の低い試験ではありませんが、前日の追い込みが有効であったのは間違いありません。

では、難易度の高い資格試験の場合はどうでしょうか。これは、試験前日に合格レベルに達していない受験者は、前日に何をあがいても結果は一緒です。試験前日にどうあがいても合格する可能性などほぼあり得ません。ムダな努力などせず「次回の予行練習を受けてみる」ぐらいの気持ちに割り切って明日の準備でもしてください。

では、合否のボーダーライン以上に達している受験者は、どのように過ごしたらよいのでしょうか。このような受験者は、試験当日に向け周到に準備をしてきた人たちです。明日の本番に照準を合わせ、自分の知識も気持ちもピークを迎えています。

明日の本試験で、十分に勝負をかけ、土俵にあがる実力のある受験者が絶対にやってはならないことがあります。それは、試験の前日に体調を整えるなどの理由で、明日の本番のため何も勉強しないということです。明日の本試験で集中力を発揮するために前日は頭を休ませておこうなどということは、絶対にやってはいけません。

格闘技などの試合などを想像してみてください。試合開始直前、選手たちの控え室は緊張に包まれています。試合本番に向けて緊張が途切れないよう入念にウォーミングアップしている姿が、TV中継などで放送されているのを見たことがあるでしょう。1度、集中力が途切れてしまえば、元の集中力に戻すことがどれだけ困難であるかわかっているのです。

資格試験も合格か不合格を決める勝負の世界です。「勝者」か「敗者」のどちらかしかありません。引き分けがないことを考えると、格闘技よりも厳しいかもしれません。

難易度の低い資格試験を除いては、合格レベルに達していても、試験の前日にゆっくり過ごそうなど絶対考えてはいけません。緊張感が途切れないよう、いつもと同じようにできるだけ勉強し、いつもと同じような時間を過ごすことが大切です。

9　試験当日

試験前夜、睡眠が十分取れればそれに越したことはありません。しかし、1年に1度しかない資格試験では、本試験のたった数時間だけで、これまでの努力が報われるかどうかが決まってしまうため、全力で勉強してきた人ほど、緊張のため試験前夜はなかなか眠れないかもしれません。でも、心配する必要は全くありません。これまでの筆者の経験上、本気で受験する資格試験中は、アドレナリンの放出で眠くなったりしたことは1度もありません。

宅建試験のときは、試験前夜は一睡もできませんでしたが、それでも試験中に睡魔に襲われることは少しもありませんでしたので、心配する必要は全くありません。

10　試験開始前にウォーミングアップを済ます（緊張を取る）

✍資格試験は知力の格闘技である

資格試験でウォーミングアップをするという方法は、実践している受験者はほとんどいないかもしれません。資格試験という性質上、体を動かすスポーツなどと違い、「資格試験でウォーミングアップが必要？」と疑問に感じる方が多いのではないでしょうか。

格闘技などのスポーツ選手たちは、試合開始のゴングと同時に全力で戦えるようなウォーミングアップを行っています。体を動かすスポーツなので、もちろん「体のウォーミングアップ」です。それでは、頭を使う資格試験はどうでしょうか。そうです、頭を使う資格試験では、「頭のウォーミングアップ」が必要なのです。

では、その頭のウォーミングアップを行うにはどうすればいいのでしょうか。それは、すごく簡単で、あらかじめウォーミングアップ用の問題を準備しておくだけです。用意しておく問題は、実際に本試験に出題された過去問が最適です。

本試験で使われた問題なので、より本試験に近い思考でウォーミングアップを行うことができます。

ここで注意しなければならないことは、確実に解いていくことができる問題を準備しておくことです。あくまで頭のウォーミングアップのために使う問題です。途中でつまずくことなく、リズムよくどんどん問題を解いていくことで、これから問題を解いていく思考に頭を切り替えることができます。

試験当日、この準備していた問題を試験会場の自分の席で解いていきます。ここでは、1肢ずつ問題を解くのではなく、消去法やアンダーラインを引くなどして本試験同様の方法で問題を解いていきます。

✍頭のウォーミングアップを行えば緊張はなくなる

もう１つの効果は、この頭のウォーミングアップをすることで、意識が問題を解くことに集中し、緊張がなくなることです。準備していたウォーミングアップ用の過去問を使い、緊張がなくなるまでどんどん問題を解いていきます。完全に緊張を取ることはできなくても、ほとんどの場合はこの方法で緊張は和らぎます。

これまで、手が震えるほどに緊張した状態のまま本試験が開始されてしまったのは、宅建試験でした。それでも運よく合格することはできましたが、何か緊張を取る方法はないかと考えたのがこの試験からです。

よくよく考えてみると、どんなに緊張した状態で試験が開始されたとしても、試験終了までその緊張が続くことはありません。いつの間にか、あれほど緊張していたのに、試験の途中で全くなくなっていることに気づきました。

そして、ＣＦＰ試験のときにも緊張に襲われましたが、あらかじめ準備していた確実に解くことができる計算問題を試験開始の直前まで時間の許す限りやりました。

おかげで試験開始時には緊張はなくなり、さらには頭のウォーミングアップも完了していたため、よい結果を出すことができたのだと思います。

11　試験開始

試験開始です。ここでは、どの資格試験でも基本となる「問題の解く順番」「問題を解くルール」を紹介したいと思います。

まず、難易度の低い資格試験では、問1から順番に問題を解いていきます（得意分野から始めてもかまいません）。そして、わからない問題や迷った問題に遭遇したときは、問題番号に後から確認できるよう印などをつけてどんどん飛ばして先に進み、一通り最後まで問題を解き終えます。

この段階で、最後まで解き終えたという安心感により、非常に心にゆとりが持てます。残り時間を計算した上で、飛ばした問題の検討に入ります。

そこでもまた、自分が決めたルールに則り、優先順位をつけてもう1度解いていきます。それを繰り返して、全問解き終えれば終了です。

難易度の低い資格試験以外では、問題の分野、出題形式等によって、あらかじめ決めた順番で解き始めます。その中でもわからない問題や迷った問題に遭遇したときは、どんどん飛ばして先に進んでいき、最後まで問題を解き終えることが重要です。

さらに、それぞれ分野ごとにも時間配分も決めておけば、このペースで進めて制限時間内に解き終えることができるか確かめます。その他は、難易度の低い資格試験と同様です。

12　試験終了前（マークシートへの転記方法）

試験終了前にマークシートの見直しをすることは当然ですが、ここではマークシートのチェック方法について説明します。

マークシートのチェック方法ですが、筆者の場合は、1問解き終える都度、自分の選んだ解答をマークシートへ転記していました。理由は、転記ミスの防止と時間が足りなくなりマークシートへ転記する時間がなくなるという最悪の事態を避けるためです。

それではなぜ、1問ずつ転記したほうがミスの防止につながるのでしょうか。

例えば、問10から解き始めた場合、自分の選んだ解答番号が5番だったとします。このときに、「問10は5番」と頭の中でブツブツ言いながらマークシートの問10を探します。そして、自分の選んだ解答である5番にマークシートに転記します。さらに、転記したマークシートの問題とチェックした解答番号を再確認します。

次の問11に行く前に、問題用紙に再度目を向けます。そしてまた「問10は5番」と頭の中でブツブツ言いながら、問題用紙の問10を見て5番をきちんと選んでいるか再確認します。すべて見るのは一瞬です。

問題がなければ、次の問題に進みます。

問題用紙（1次確認　問題番号と解答番号をチェック）
←
解答用紙（頭の中で問題番号と解答番号読み上げながらマークシートへ転記）
←
問題用紙（2次確認　再度、問題番号と解答番号をチェック）
←
次の問題へ

この方法でマークシートの転記間違いをしたことは1度もありません。

もう1つのメリットは、心理的負担の軽減です。自分の解き終えた問題については、確実にマークシートに転記が完了していますので、万が一、試験時間が足りなくなったとしても、少なからず自分が解いた問題だけは採点されるということです。

確かに、問題を最後まで解き終えた後、まとめてマークシートへ転記したほうが時間ロスは少ないかもしれません。しかし、万が一、試験時間が足りなくなった場合、マークシートへ転記する時間がなくなるリスクが残っています。それに、最後にマークシートへ転記しなければならないという心理的負担も抱えてしまいます。

もし、時間が足りなくなり、焦った状態でマークシートへの転記を行えば、ミスが起こるリスクも当然高くなります。

難易度の低い資格試験であれば、それほど神経質になる必要はありませんが、難易度の高い試験になると話は別です。難易度が高くなればなるほど、試験時間は足りなくなるからです。

本試験の途中で時間が足りなくなる恐れが生じたときに、未だ1問もマークシートへの転記が終わっていない状況では、さらに焦りが増大し、冷静に問題と向き合うことが難しくなるのです。例え合格点が取れていたとしても、解答をマークシートへ転記することができなければ、一巻の終わりなのです。

最後にまとめてマークシートへ転記する方法は、試験時間が足りなくなる可能性がある試験では避けるべきです。

他にも、数問ずつ、分野ごとなどにマークシートに転記する方法もあります。これもある意味中途半端です。試験中はテンポよく問題を解くことも重要です。

この方法だと、せっかく調子よく問題を解くことだけに集中しているのにもかかわらず、時間をかけてマークシートへ転記することを行えば、転記することに集中してしまった頭を、また新たに問題を解く頭に切り換えなければなりません。

また、わからなかった問題など、解答ができていない問題を飛ばしながらマークシートへ転記するようなときに、かえって混乱を起こし、時間のロスが大きくなる可能性もあります。

以上のことから、私がおすすめするマークシートの転記方法は、問題を解く都度、1問ずつマークシートへ転記することが一番確実な方法といえます。

コラム5　資格専門学校の罠　専門学校が秘密にする合格率　其の2

その内容は、現在の行政書士試験の合格者は「司法試験や司法書士試験などの受験組が大半を占めている」というものでした。特に、司法試験と行政書士試験の科目は、ほぼ丸かぶりで、彼らにとって行政書士試験は腕試しに持ってこいの試験なのだそうです。

司法試験といえば、日本最難関の資格試験の1つであり、総計勉強時間が1万時間を超える強者ばかりです。そんな強者と同じ土俵で戦うという情報を受験者に与えてしまっては、専門学校の勧誘にも影響を及ぼし、受講生が減少してしまうのでしょう。

また、某大手通信教育では、毎年2万人以上が行政書士講座に申し込むそうです。しかし、その合格者は、平成22年～24年の3年間で約９００人ほど。合格率にして約1・5%程度しかありません。にもかかわらず、この通信教育の講座案内を確認すると、いかにも簡単に合格できそうな錯覚に陥りそうです。

専門学校の合格率が10%に対し、通信教育では1・5%です。これだけ比較すると、専門学校に分がありそうですが、専門学校には多年受験者が多く、通信教育では初学者が多いようで、一概にどちらが有利とは言い難い状況です。

どちらにせよ、専門学校や通信教育は、難しい試験を簡単に見せるプロなのです。そのことを前提に、専門学校などの情報を参考にするといいかもしれません。

総まとめ　必要なのはたったの1つ　資格試験の実態解明！

第1章から第5章まで、資格試験に合格する為の必要な情報を長々と解説してきました。

しかし、試験に合格するために必要なことは、本当に単純なことなのです。

身も蓋もない話ですが、試験に合格するために、本当に必要なことは、次のたったの1つだけです。

「過去問題集と、その過去問題集の解説を覚えてしまえば、ほとんどの資格試験に合格する」。

これが資格試験の実態なのです。

資格の専門学校や通信教育機関が、次々に新しい付加価値を付けては宣伝し、受講生の獲得に躍起になっています。

そのような付加価値に踊らされて講座に申し込み、結局、膨大な教材の勉強を強いられ、中途半端な知識しか身につかないのです。

どんなによい講座でも、明らかにオーバースペックな教材では、試験に合格するための知識は十分に定着しません。

それでも、自分で勉強することができない、試験の難易度が高すぎて理解ができないなど、手に負えないときは、専門学校などを利用すればいいというのが結論です。

しかし、筆者の経験上、そのような資格試験は稀で、ほとんどの試験で独学での合格は可能です。

むしろ、独学で勉強したほうが合格しやすいと考えています。その上、資格取得の費用も専門学校とは、比べものにならないくらい安く抑えることができるのです。その裏づけとなるのが筆者の資格試験の結果に表れています。

その証として、大手専門学校と筆者が実際に独学で合格した、受験者数の多い人気資格を例に比較してみました（一般的な例で、受講する専門学校によって異なります）。

●宅建

大手専門学校で受講した場合	独学
・標準学習期間＝6か月	・学習期間＝2か月半
・受講費用　＝15万円	・費用　＝1万5千円

●FP2級

大手専門学校で受講した場合	独学
・標準学習期間＝6か月	・学習期間＝1か月半
・受講費用　＝10万円	・費用　＝7千円

●行政書士

大手専門学校で受講した場合	独学
・標準学習期間＝1年	・学習期間＝5か月半
・受講費用　＝20万円	・費用　＝5万円

●簿記3級

大手専門学校で受講した場合	独学
・標準学習期間＝2か月	・学習期間＝2週間
・受講費用　＝2万円	・費用　＝3千円

実際に比較してみると、学習期間と費用のどちらについても、独学で受験したほうが、明らかに有利なのが一目瞭然です。

あえて、専門学校が有利なところを取り上げるとすれば、次の2つでしょうか。

・1つ目……専門学校に通えば、強制的に勉強する環境を手に入れることができる。
・2つ目……テキストの内容をわかりやすく説明してくれる。

しかし、どちらの理由も説得力に欠けています。なぜなら、確かに専門学校に通えば、強制的に勉強する環境を手にすることができるとしても、学校に通うことが面倒になり、通学を止めてしまえば元も子もないのです。

また、講師がテキストに沿って講義をするのを聞き、たとえそれがわかりやすかったとしても、テキストを理解しただけでは、問題を解けるようになるわけではありません。

専門学校か独学か迷ったときは、まずは市販のテキストや問題集を確認してみることです。そこで、書いてある内容を理解できるのであれば、あえて専門学校に通う必要など、全くないのです。

自分で読み、そして理解できるならば、専門学校の講師の講義を受けても、独学で勉強するのと効果はあまり変わりません。

逆に、講師の説明があまり上手でなかったとしたら、講義の時間と費用は全くムダになってしまうのです。

独学が有利であるところばかりを取り上げてきましたが、もちろん独学が不利になるところもいくつかあります。

例えば、勉強法です。もし、間違った勉強法で独学を続けてしまえば、本試験当日の試験が終了するまで、自分が間違った勉強法をしていたことを、気づかないかもしれません。また、教材選びを間違えてしまえば、試験に役に立たない知識を一生懸命覚えて、ムダな努力を費やしてしまうことになるかもしれないのです。

しかし、本書をお読みいただければ、そんな不利な点は一掃することができるはずです。

そして、本書で紹介した、「正しい勉強法」を1回でも軌道に乗せてしまえば、後は、微調整を加えるだけで、いろいろな資格試験を独学で合格する百戦錬磨の強者になることも可能なのです。

これまで、資格試験の実態を解明してきましたが、その正体は本当に単純なことでした。後から考えると、その正体があまりに単純だったため、読者に疑いなく実践してもらうための証として、筆者自身が1つも落とすことなく、すべての試験に合格して証明してみせることが必要不可欠だったのかもしれません。

付録

宅建試験合格体験記

其の1　私の履歴書

大学受験で学んだこと

筆者は、ごく一般的な家庭で育ちました。少し違うところがあるとすれば、両親が学生結婚で、そのときに子供が産まれたことです。そのような事情もあり、生活に困った両親は、アルバイトをしながら何とか学校を卒業したようです。その後、父の仕事が軌道に乗るまで、しばらくは苦しい生活が続き、筆者は幼い頃、「お前はいつも同じ服を着ているな」という友達の何気ない一言で自分の家は貧乏なのかな？　と幼いながらに感じていたことを今でも思い出します。

そんな環境で育った筆者は、もちろん勉強などするはずもなく、そのため、学校の成績は当然悪く、授業は聞かない、ノートは取らない、あまりのヤル気のなさに母が学校に呼び出されることも何度かありました。高校生のときには、バイクを乗り回していることが学校にばれてしまい、停学寸前にまでなったこともありました（笑）。

そんな高校生活を満喫した筆者は、どこの大学にも受かるはずもなく、浪人生となり、そのまま遊び続けました。そして、あっという間に12月となり、2回目の受験シーズンを迎え、予備校で開催される全国公開模試を受けてみました。このときの成績は、確か偏差値30ぐらいだったと記憶しています。流石に焦り、「このままでは確実に2浪だ……」―そう頭を過ぎった筆者は、唯一、自分の得意科目だった数学と物理だけに勉強科目を絞り、この2科目を死に物狂いで勉強して、奇跡的に大学合格することができたのです。

自分でも、まさか合格するとは思っておらず、合格発表日も忘れており、友人に合格を知らされたぐらいです。

今思えば、この大学受験の経験が、私が確立した資格試験の勉強法に役に立つことが2つあることがわかります。

・1つ目…もしあのとき、全国公開模試を受けていなかったらどうなっていただろう。自分の立ち位置や、置かれている状況もわからず勉強もしていなかったでしょう。

・2つ目…受験科目を2科目に絞っていなかったらどうなっていただろう。いたずらに受験科目を増やせば、どの科目も中途半端になり、最悪の結果になっていたかもしれません。

学生パチプロで2000万円稼ぐ

無事に大学に入学した筆者は、悪友に誘われて連れていかれたパチンコにのめり込み、気がつけば学生パチプロになっていました。そんな生活が4年間も続き、「その間に稼いだお金は約2000万円」にも上りました。

ただし、簡単に稼げたわけではありません。勝つためには相当の労力と知恵が必要で、パチスロ機の勉強やパチンコ店の運営方法に至るまで、徹底的な研究が必要でした。

パチスロが面白いと思ったことは、1度もありません。朝10時の開店から夜11時の閉店までの13時間、機械のようにスロットを回し続けなければならないのです。

詳しく解説すると、本書がパチンコ攻略本になってしまうため、これぐらいでやめておきますが、パチプロ時代に学んだことも今思えば気づいたことがあります。

それは、パチンコに勝つことと、資格試験に勝つということは、「戦う相手を知る」ということでは共通しているということです。

「パチンコに勝つ」ためには、大当たりをしなければ勝つことはできません。では、なぜ大当たりが出るだろうと、その機械のことを知ろうともせず、パチンコに勝ちたいという気持ちだけで闇雲にパチンコをしているという人がほとんどなのです。

「資格試験に勝つ」ということも同じです。どの科目に重点を置けば勝つ確率が上がるのか、それさえ知ろうとせず、ただ資格試験に合格したいという気持ちだけで闇雲に勉強して失敗してしまう―そんな受験者が後を絶たないのです。

パチンコでも資格試験でも、「戦う相手を知る」ことは、非常に大切なのです。

プロレーサーを夢見て

パチスロで稼いだお金のほとんどは、趣味の車に消えていきました。当時、全国で大流行したド

【図表 26　ＪＡＦの公式カーレースに参戦】

モータースポーツ時代の功績

1999年
アクエリアススポーツレーシングチームより
F1日本グランプリ前座レースに参戦

1997年
F1日本グランプリ前座レースに
コカ・コーラのフルカラー車両で参戦

2004年
デイトナレーシングチームで全日本GT選手権JAF
ｺﾞｰﾙﾄﾞｶｯﾌﾟ耐久レースで優勝しコースレコード樹立

2014 年
９年ぶりに再結成した
デイトナレーシングチーム

リフトにのめり込んでしまったのです。真夜中、山奥の峠道で、後輪タイヤを滑らせながらすごいスピードで走り抜け、自分のドライビングテクニックをギャラリーに披露するのです。

学校の成績は最悪でしたが、昔から動体視力と反射神経だけは自信があり、それを活かすことができるのが車の運転だったのです。

峠で車を走らせるだけでは物足りず、気がつけば本格的なＪＡＦの公式レースに参戦するようになっていました。

それから数年後、パチスロで稼いだお金などあっという間に使い果たしてしまいました。しかし、運よくスポンサーも獲得して順調にステップアップしていき、気づけばレースの拠点も地元福岡から遠く離れた関西のレースチームに所属していました。

そして、当時アマチュア最高峰と呼ばれるＪＡＦ公式レースである大手自動車メーカー主催の西日本レースシリーズで年間チャンピオンを獲得しました。

その年、スポーツニッポン新聞社より、ドライバーズ大賞敢闘賞を受賞し表彰されました。

その後、プロカテゴリーのレース参戦の話もいただきましたが金銭的理由で断りました。

モータースポーツ業界もお金がすべて、持ち込みスポンサーがあってナンボの世界、速いだけでプロレーサーになれるなんて大間違いなのです。

そんなレース業界にさっさと見切りをつけ、プロレーサーの夢は捨てたのでした。

レース参戦中は多大なるご支援をいただいたアクエリアススポーツの小東代表、ブレーキパッド開発指導・フルサポートをいただいた向井社長、スポンサー支援をいただいたデイトナレーシングチームの山本代表、皆さまには本当にお世話になりました。この場をお借りして厚く御礼申し上げます。

其の2　宅建試験合格体験記

資格試験の受験を決意

平成22年7月、宅建試験の受験を決意しました。当時は、妻と子供2人を家族に持つ平凡なサラリーマンで、資格のことなど深く意識はしていませんでしたが、「これからの時代は資格の1つでもないと生きていけないかな～」と、それぐらいの軽い気持ちで考えていただけです。

持っている資格といえば、モータースポーツ時代に取得したＪＡＦ国内競技運転者Ａ級ライセンスと趣味で取得した小型船舶1級免許ぐらいで、仕事では全く役に立ちそうもない資格しか持ち合わせていなかったのも受験動機の1つでした。

そのような軽い気持ちで、資格を探していたところ、たまたま大型書店の資格試験コーナーで目に留まったのが宅建試験だったのです。

一応、宅建資格なるものがあるのは知っていましたが、不動産関係の仕事の人たちが持っている資格であることぐらいしかわかりません。

しかし、書店の資格コーナーでは、一際目立っています。そして、数冊手に取りパラパラページをめくってみましたが、どれも５００ページ以上もあるテキストばかりです。

「これは無理だ！」―そう頭と体が反射的に拒否しました。小学校からまともに勉強をしていない人間が、あの分厚いテキストを見れば当然です。結局、その日は何も購入しないまま帰宅してしまいました。

しかし、そのまま何も購入せず帰宅したものの、何故か宅建が気になります。そこで、ネットで、宅建資格について調べてみることにしました。

そして、宅建資格の概要が、次のような試験であることがわかりました。

・国家資格
・例年約20万人も受験する人気資格
・法律系資格
・独立・就職・転職に有利
・業種によるが資格手当てがもらえる
・1度合格すれば一生有効
・合格率は例年15％前後
・試験日は例年10月中旬

これだけを見ると何かよさそうです。特に、法律系資格、国家資格というところに惹かれ、「やっぱり受けてみようかな」と考え始めていました。しかし、合格率が約15%。さらに試験日まで後3か月しかありません。そのため、受験するか否か迷ってしまい、決断できずにいたのです。

いろいろ考えていると、あっという間に日々が過ぎていき、このままでは受験に間に合わなくなると考え、自分を追い込むために、取りあえずネットで受験の申込みだけは済ませました。これで、もう逃げることはできません。

妻に宅建試験を受験することを報告しましたが、特にリアクションもなく「そう、頑張ってね」と何気ない会話でした。こちらも特に反対されるとは思いませんでしたので、そのときは深く考えることはありませんでした。

そう、このときはまだ、「資格試験の最大の敵が妻だった」とは思いもよらなかったのです。

受験の申込みはしたものの、まだ教材の準備は全くしていません。書店へもう1度足を運び、そこで平積みされ一番目立っていた「らくらく宅建塾」というテキストを購入することに決めました。

このテキストに決めた理由に深い理由はありません。たくさん平積みされて目立っていたこと、テキストの最初のページに「ラクに受かりたい方」「ミリオンセラー史上空前のわかりやすさ」―そう書かれていたことに魅力を感じただけでの選択だったのです。

この段階では、勉強法など全くわからず、テキストの選び方などこんなものでした。しかし、たまたま選んだテキストでしたが、後で考えると大正解だったことがわかったのです。

勉強スタート

試験まで残り2か月半。勉強方法がわからないので、取りあえずテキストを読み始めました。まだテキストしか購入してないので当然です。

しかし、テキストを読み始めると異常に眠い。「これはどうにかしなければ……」と考えた筆者は、静かな所に1人でいるから眠くなると考え、妻がテレビを見ながらくつろいでいるリビングでテキストを読むことにしてみました。リビングでは、妻がお気に入りの韓国ドラマを見ていたのですが、韓国ドラマは日本の連ドラとは違いかなりの長編です。

横目で韓国ドラマをちらちらと見ながらテキストを読み始め、その甲斐あって悩みの眠気対策には効果抜群でした。ところが、勉強より韓国ドラマを見ることが優先になってしまい、おかげでテキスト1冊読み切るのに3週間もかかってしまいました。

試験まで残り約2か月

試験まで残り2か月を切っていました。しかし、特に焦りはありません。取りあえずテキスト1冊を制覇したので、自信満々になり、テキストの姉妹書である過去問題集を購入し、早速問題を解き始めました。

愕然としてしまいました。全く解けないのです。「おかしい、テキストを読んだはずなのに、なぜだ……」と、かなり焦り「やっぱり自分はバカだから覚えていない」と考え、いったんは受験を諦めてしまうことさえ考えたほどです。

テキスト1冊を制覇したはずなのに、全く問題を解けないことに納得できず、悪いのは自分ではなくテキストが原因なのではないかと考え、もう1度テキストを読み返してみました。すると、1度読んだテキストなのに、なぜか記憶もほとんど残っておらず、始めて学習するのと一緒の状態だったのです。そうなると、この数週間がほとんどムダだったということに気づいてしまったのです。

そのとき、妻が追い討ちをかけることを言ってきました。

「今頃勉強始めても、受からんよ！」

突然、そんなことを言い放ったのです。妻は、宅建試験のことなど知らないはず。妻が急にそんなことを言うので理由を聞いてみました。

「アヤコ（仮名）さんが言いよったもん」

アヤコさんには、いつも家族共々、日頃から非常にお世話になっており、なぜそのようなことを言ったのか不思議に思い詳しく妻に聞いてみました。

実は、アヤコさんは資格の専門学校の講師をしていたことがあったらしいのです。しかも「宅建」の講師だったらしく、全くの初耳でした。

そして、妻が得た情報によると、

・独学では難しい
・学習期間に最低半年は必要

・専門学校の生徒でも一発合格の方が圧倒的に少ない

元専門学校の宅建講師からそんな話を聞けば、妻が「今頃勉強始めても、受からんよ」と吐き捨てるのも無理はありません。でも、「本当にそうなのか」と疑問を抱き、「今頃勉強始めても、受からんよ」という妻の捨て台詞に、趣味にしか本気になったことのない低レベルの頭脳が、資格試験モードに切り替わった瞬間でした。

試験日まで残り2か月、考えても時間のムダだと思い、取りあえず問題を読んだ直後に右ページに掲載してある解説を試しに読んでみました。すると、理解はできないが書いてある意味は一応わかります。しかし、理解は不十分なため、テキストの該当するページを確認してみると、いとも簡単に理解することができてしまったのです。

この問題集は、テキストと問題集が完全にリンクしており、問題の解説部分に該当するテキストのページ番号の記載がありました。そのためテキストの該当ページを探す作業に手間がかかることもなく、いちいち該当するページを探す必要がなかったのです。

「これならいけるかも」―そう考え少し希望の光が差してきました。

宅建試験は4肢択1試験です。そのため、過去問題集には、左ページに問題と選択肢が4つあります。まず、一番初めの選択肢を読み、すぐに右ページにあるその選択肢の解説を読みます。次に、解説部分に記載してあるテキストを確認しました。この繰り返しですべての選択肢を確認していきます。このとき知識が詰め込まれた感じが、ハッキリわかった瞬間でした。

「これだ」と確信した筆者は、この方法で問題集をあっという間に1冊終わらせました。少し自信を取り戻し、その終わらせた問題集をもう1度最初から解いてみました。

残念ながら、問題を解くことはできませんでした。でも、うっすらと読んだ記憶が残っています。宅建の勉強を始めた当初、テキストだけを一気に読み込みました。そして、テキストの最初の部分を読み返した際、全く読んだ記憶もない状態でしたが、今回はそのようなことはなく、うっすらと記憶は残っています。

引き続き2周目を終わらせました。さらに、もう1周をやり遂げました。同じ問題集をただ読んでいるだけですが、3周目に入ると2週目より明らかに覚えていることが増えています。さらに、他にも効果がありました。それは問題集を読むスピードが上がっているのと同時に、テキストをいちいち確認しなくても問題を理解できていることが明らかに増えていることでした。

「これでいける」そう確信した筆者は、この方法をひたすら繰り返すことにしました。

妻に隠れて勉強？

順調に勉強が進み始めましたが、ただ1つ予想外に困ったことが起こってしまいました。それは、私が勉強することに妻が反対し始めたことです。それにはいくつか理由がありますが、1つは子育てが一段落したとはいえ、下の子はまだ保育園の年少さんで、まだまだ子供に手が掛かっていたことです。私が勉強に時間を費やすと、妻の子育ての負担が増していました。

もう1つは、妻は「受からんよ」と忠告された資格試験に労力をかけるなど、時間のムダと考えていたようです。

妻と知り合ってかれこれ十数年、妻は筆者のことを観察し続け、趣味のことしか頭にないことをよく理解しているのでした。勉強している姿など、今まで1度も見たことがなかったのです。

どうせ受かるはずもない試験と考えている妻は、筆者が勉強すると機嫌が悪くなるのです。それ以来、妻に見つからないように、早起きして勉強することにしました。そうすることで、妻や子供たちが起きてくるまで気兼ねなく勉強することができたのです。

また、仕事から帰ったときは、2階にある自分の部屋で妻に隠れてコソコソと勉強していました。たまに1階のリビングに下りると、そこにいる妻は、こう聞いてくるのでした。

妻「勉強しよったと?」

私「しよらんよ、仕事しよったけん」

妻「ふ～ん、ならいいけど」

こんなやりとりがありましたが、妻は、もちろんなんとなく私が勉強していることに気づいていたと思います。こうして、子育ても手伝いながら、妻に隠れて勉強していたのですが、勉強時間は1日に2、3時間確保できればいいほうでした。

そして、試験1か月前になったとき、「休日の午前中は勉強させてほしい」と妻に恐る恐る許可申請を提出してみると、妻は渋々承諾してくれました。

何とか休日の午前中に勉強時間の確保ができましたが、子供の相手もせず勉強していると「子供がかわいそうだ」と、妻からの嫌味攻撃が発射され続けることになったのです。その弾をうまくかわしながら、何とか勉強し続けたのです。

試験本番の10日前、大手専門学校の公開模試を受けました。結果は、合格ラインに届かず、C判定で50問中29問正解の中途半端な成績です。専門学校の説明によると、そのときの公開模試のレベルでは36問正解が合否のボーダーラインで、全国順位はちょうど中間ぐらいでした。合格率15％の資格試験なので当然でしょう。

そして、模試の結果を妻に報告すると、

【図表27　予想外の妻の怒り】

「ほら、やっぱり！、やけん、受からんよって言ったやん」

―そう勝ち誇った妻の嫌味が、今度はライフルのように連射されました。

それからは、さらに起床時間も早め、夜もひたすら勉強しました。

そして、あっという間に試験前日です。前もって購入していた市販の模擬テストを本番同様に行いました。目的は、「問題を解く順番」を決めるためでした。アヤコさんから、問題を解く順番を決めておいたほうがいいとアドバイスをもらっていたのです。

3回分の模擬試験で、目的の「問題を解く順番」が決まりました。肝心の模擬試験の結果は予想外で、3回分すべての模擬試験が合格レベルまで達していたのです。「もしかして合格できるかも……」―そう頭によぎりましたが、落ちたときのことを考えると恥ずかしいので、模擬試験の結果は妻には内緒にしておくことにしたのでした。

ついに試験当日

ついに迎えた試験当日。資格試験では、初めて受ける国家試験です。昨日は、勉強のため眠気覚ましのドリンクを3本も飲んでしまい、緊張も重なって一睡もできませんでした。試験は午後1時開始ですが、昼食も緊張で食べることができませんでした。本番で眠くならないように、また、眠気覚ましのドリンクを1本飲むことにしました。

試験会場までは、妻が子供2人と一緒に車で送ってくれました。このときばかりは、さすがの妻も「頑張って」と励ましてくれたのです。

試験会場入口では、専門学校の職員らしき人たちが、パンフレットらしき冊子を配っており、来年度の勧誘だろうなと思いましたが、数校から同じような冊子をもらい、自分の受験する教室を探しに行きました。辺りを見回すと、それにしてもすごい人数の受験者が集まっており、まるで大学受験のときのようです。さすが毎年20万人も受験する超人気国家資格です。

教室もすぐに見つかり、自分の受験番号の席に座りました。周りを見回すと、みんな頭がよさそうに見え、さらに緊張が増してきました。

キョロキョロと周りを見渡し、やる気のなさそうな人を探しました。すぐ近くに、明らかに勉強してなさそうなおじさんがいるのを発見しました。そのおじさんをロックオンして観察し、自分のほうが絶対できると言い聞かせ、心を落ち着かせようとしました。しかし、あまり効果はなく、緊張が取れないままついに試験が開始されました。

手が震えていましたが、昨日、あらかじめ決めたとおりの順番で問題を解き始めました。10問ほど解いた段階で、不思議なことに緊張と手の震えはなくなり、半分ほど進んだときにはすっかり落ち着きも取り戻していました。さらに、「あれ？　何か簡単だな」と余裕さえ出てきたのでした。

調子よく50問すべて解き終わり、この時点で残り時間が30分もありました。一応、問題をさらっと見直し、マークシートへの転記に間違いがないかを何度も見直しました。ついに試験が終了したのでした。

教室から出て昼食用に購入していた5個入りアンパンを一気に平らげ、試験会場を後にしました。迎えに来ていた妻の車に乗り込むと、「どうやった」と期待していない感じで聞く妻に、「まあまあかな」と軽く返答しました。「ほんとね～？」と、妻は全く期待していない様子です。

「合格しているかもしれないな」と内心考えていましたが、気のせいも十分あるので、曖昧な返事にとどめておいたのです。

帰宅すると、試験会場で受け取った冊子の中に、無料採点サービスというのがあることに気づきました。自分がマークした回答をネット上で入力して送信すると、無料で採点してくれるようです。早速、自分がマークした番号をネット上で入力し送信しました。

そして、家族で久しぶりに、近所の格安しゃぶしゃぶ食べ放題に出かけたのでした。

合格確定

食べ放題の家族団らんを終え、帰宅すると、無料採点サービスの結果のお知らせメールが届いていました。私は、恐る恐るそのメールを開きました。そこには何と「40点」と記載されていたのでした。

宅建試験は、相対評価試験（上位何％以上が合格）です。過去の傾向から36点以上あれば、ほぼ確実に合格です。

念のため、他の専門学校の解答速報も確認しました。それでもやはり40点です。早速、妻に「受かったよ」と報告しました。すると妻は、「うそやろ〜」と完全に疑っています。持ち帰った試験問題と解答速報の番号を妻に渡し確認してもらいました。「ほんとやん、でも40点やったら受かると？」と、妻は今度は合格点のことを疑い始めました。合格ラインなど知らない妻にとっては当然です。過去の合格ラインなどを詳しく説明しやっと信じてもらえました。妻は、「やった、やったね〜」と本当に喜んでくれたのでした。

そんな妻を見て嬉しくなり、「あんなに嫌味ばかり言っていたが、内心は応援してくれていたんだな、妻よ、本当にありがとう」と心から感謝しました。そんな思いに浸っていた矢先に、「で、どうなると？」と妻は変な質問してきました。

「は？……」—全く意味がわかりません。「どういう意味」と妻に聞き返すと、妻は「給料上がるっちゃろ……」。

何と妻は、「給料に手当てがつく」と勝手に思い込んでいたようです。

不動産業などに勤めていないと普通は手当てなどつかないことを説明すると、妻はがっかりした様子でした。

「こいつ、喜んでいたのはそのことだったのか！」と心の中で叫びましたが、言葉に出さず飲み込みました。しかし、その先にまだ続きがあったのです。

「まあいいよ。でもディズニーランドには連れて行ってくれるんやろ？」

妻の言葉にハッとして我に返りました。そういえば妻の嫌味攻撃をかわすために、「合格したらディズニーランドでもどこでも連れて行ってやるけん勉強させて！」とお願いしたことをすっかり忘れていたのでした。「しまった〜」と後悔しても後の祭りでした。

この年の合格率は15・1％。合格点は36点。筆者は無事に合格し、その年の12月、ディズニーランドへ家族仲良く旅行に行ったのでした。

これが、宅建試験の合格体験記です。

宅建試験の受験を決意した当初、資格試験のことなど右も左もわからない中での挑戦でした。当然、勉強法など知るわけもなく、闇雲に勉強を始めたその結果、挫折寸前にまで陥ったことは言うまでもありません。筆者と同じような状況に追い込まれる受験者は決して少なくないと思います。その原因は、勉強の能力が低いのではなく、ただ単に勉強法を知らないだけなのです。しかしながら、正しい勉強法を身につけてしまえば、資格試験はそれほど難しいものではないのです。

しかし、資格試験に初めて挑戦する受験者は、正しい勉強法を知るはずもなく、何もかもが手さぐりの状態で勉強を始めねばなりません。そして、試行錯誤の上、自分なりの勉強法をつくり上げていくのです。ただし、その勉強法が正しい勉強法とは限らない現実があるのです。

筆者自身、宅建試験の勉強を始めた頃と、本試験直前では、全く違う勉強法に変貌していました。そして、少しずつ改良を重ねてつくり上げたのが本書の勉強法なのです。

この宅建試験がなければ、本書の勉強法はなかったと言っても過言ではありません。

資格試験には、みんなそれぞれ、何かしらのドラマがあると思います。筆者の場合、最大の問題は勉強時間の確保でした。妻に嫌味を言われたこともありましたが、それでもやっぱり一番応援してくれていたのは、まぎれもなく妻です。

そして、子供たちにもたくさん我慢をさせてしまいました。何かを得るには、何か犠牲にしなければいけないのは本当だと思います。しかし、それを乗り越えた先に得た資格こそ、価値があるのかもしれません。

おわりに

近年、資格ブームが到来しています。就職や転職など、少しでも有利になればと、必死に資格の取得に向けて多くの人が勉強しています。

しかし、資格を取得したからといって、その人が偉いわけでも、人より優れているとは考えていません。

ただし、難関と言われる資格を所持していれば、少なくとも努力はできる人と世間は評価してくれるでしょう。

また、大企業などは高学歴の持ち主を優先に採用している傾向があるのも事実です。高学歴といわれる人たちは、それなりの努力をして難関大学などに入学しています。大企業の人事採用担当者は、そのような努力できる人かどうかの判断材料の1つに、学歴を重視しているのかもしれません。

たった数回の面接で相手のことを詳しく知ることは困難です。採用、不採用の判断をするためには、このような資格や学歴が大きな判断材料になるのでしょう。

そして、大企業の人事採用担当の役割を任されるぐらいの人材であれば、その人も高学歴である可能性が高いです。彼等も受験などで相当な努力をしてきた人物なのです。このような自身の経験から、高学歴者が努力できる人であるということがわかっているのです。

しかし、そのような難関資格や高学歴者が必ず企業にとって有益な人材とは限りません。勉強ばかりして、同僚や上司、取引先とのコミュニケーションができないような人材では、いくら資格や高学歴があったとしても、そんなものは何の役にも立ちません。

そのような中、筆者は、「資格は武器」だと考えています。武器は使い方を身につけて始めてその価値が現れます。どんなに高性能なライフル銃や大砲を持っていたとしても、使い方を身につけていなければ、ただのお飾りに過ぎません。そんなお飾りの武器では、経験値の高い素手の相手にさえ勝つことはできないのです。

しかし、資格を取得に向けて本気で勉強したあなたは、紛れもない努力ができる人に変わっています。その努力ができれば、資格という武器を上手に使いこなすことも可能です。

本書は、そのような資格という武器を手に入れるための「正しい勉強法」を紹介しています。間違った勉強法を続ければ、時間のムダになるばかりか、資格試験に失敗すれば自分に対する評価が下がることさえあります。

時間にいくらでも余裕があるのならば、少々遠回りをして合格するのもいいでしょう。もしかすると、そのほうが達成感が高く、喜びもあるのかもしれません。

しかし、そのような恵まれた環境で勉強ができる受験者は、ほんのわずかです。ほとんどの受験者は、仕事や育児など、厳しい制約の中での勉強を強いられているのです。そのため、簡単に合格するための、何か特別な勉強法を探してしまうのでしょう。

本書の勉強法は、特別な勉強法ではなく、誰でも実践できる簡単な勉強法です。過去問題集を使い、決められたサイクルで何度も繰り返すだけの、とても簡単な勉強法なのです。

そして、本書の勉強法は、特別なことは1つもなく、むしろ、やってはいけない勉強法を多く紹介しています。ムダなことをせず、やるべきことを凝縮させて繰り返すことが、合格への最短ルートなのです。

どの世界でも、王道と呼ばれる基本があり、そして、「基本に忠実」な人ほど高い成果を上げているものです。一流のプロほど、基本を疎かにせず、毎日々々、同じ練習、同じ行動を繰り返しています。同じことの繰り返しを飛び越して、いきなりゴールを目指そうとするから失敗してしまうのです。野球でいえば、素振りをせずに、ホームランバッターを目指しているのと同じことなのです。

どの分野でも、やるべき基本が先駆者によってつくり上げられています。しかし、資格試験の世界では、数え切れない勉強本や、専門学校の資格商法により、本当にやらなければならない基本を、あえてわからなくすることで、受験者に混乱を招いているのです。

そのようなことにならないよう、この本書が少しでも多くの方にお役に立てることを望むとともに、皆さんの資格試験の成功を心より応援いたします。

財津　真志

著者略歴

財津 真志（ざいつ　まさし）

1973年福岡県生まれ。小・中・高と全く学業が振るわず、1浪して奇跡的に大学に合格。浪人中に通っていた予備校の出席率は2%で学費を無駄に使い、そのときに受けた全国公開模試で偏差値30を記録。

大学在学中にパチスロで稼いだ2,000万円を元手にカーレースに参戦。20代半ばまでプロレーサーを目指しブレーキパッド開発なども手掛ける。シリーズチャンピオン獲得やF1日本グランプリの前座レースにも出場を果たすが、資金が続かず断念。2014年、大手自動車販売会社主催のサーキット走行ドライビングインストラクターを務める。

大学卒業後、大手保険会社の保険代理店育成新卒コースに入社し無事に卒業するが、在籍中の資格試験では勉強嫌いが災いし惨敗。時を経て30代半ばより突然始めた本書の勉強法で資格試験23連勝を成し遂げる。現在は、保険代理店業務に加え、相続・遺言を中心に行政書士業務も行っている。

専門学校なんていらない！
資格試験に独学で受かる技術

2015年8月18日　初版発行　　2016年4月27日　第4刷発行

著　者　財津　真志　© Masashi Zaitsu
発行人　森　　忠順
発行所　株式会社 セルバ出版
〒113-0034
東京都文京区湯島1丁目12番6号 高関ビル5B
☎ 03（5812）1178　FAX 03（5812）1188
http://www.seluba.co.jp/
発　売　株式会社 創英社／三省堂書店
〒101-0051
東京都千代田区神田神保町1丁目1番地
☎ 03（3291）2295　FAX 03（3292）7687

印刷・製本　モリモト印刷株式会社

Printed in JAPAN
ISBN978-4-86367-221-5